RÚBIA DE SOUSA

# NO VALE DA SOMBRA DA MORTE

COMO CONFIAR EM DEUS QUANDO CHEGA O DIA MAU

Thomas Nelson
BRASIL

2019

Copyright © 2019 por Rúbia de Sousa
Todos os direitos desta publicação são reservados por
Vida Melhor Editora, S.A.
As citações bíblicas são da *Nova Versão Internacional*,
a menos que seja especificada outra versão da Bíblia Sagrada.
Os pontos de vista desta obra são de responsabilidade da autora, não refletindo necessariamente a posição da Thomas Nelson Brasil, da HarperCollins Christian Publishing ou de sua equipe editorial.

| | |
|---:|:---|
| Gerente editorial | *Samuel Coto* |
| Editor | *André Lodos Tangerino* |
| Produção editorial | *Bruna Gomes* |
| Edição de texto | *Mônica Vendrame* |
| Copidesque | *Luciana Chagas* |
| Revisão | *Simone Fraga* |
| Capa | *Rafael Brum* |
| Diagramação | *Julio Fado* |

**CIP—BRASIL. CATALOGAÇÃO NA FONTE**
**SINDICATO NACIONAL DOS EDITORES DE LIVROS, RJ**

S696n

Sousa, Rúbia de
No vale da sombra da morte : como confiar em Deus quando chega o dia mau / Rúbia de Sousa. -- Rio de Janeiro : Thomas Nelson Brasil, 2019.
128 p.

ISBN: 978-85-7167-028-0

1. Fé 2. Testemunho 3. Confiança em Deus 4. Vida cristã I. Título

19-0325         CDD 248.4
                      CDU 248.12

Angélica Ilacqua CRB-8/7057

Thomas Nelson Brasil é uma marca licenciada à Vida Melhor Editora S.A.
Todos os direitos reservados à Vida Melhor Editora S.A.
Rua da Quitanda, 86, sala 218 - Centro
Rio de Janeiro - RJ - CEP 20091-005
Tel.: (21) 3175-1030
www.thomasnelson.com.br

# Sumário

*Apresentação* ................................................... 5
*Prefácio* ......................................................... 9
*Agradecimentos* ............................................. 11
*Introdução* ..................................................... 15

Capítulo 1
Eu conhecia o vale só de ouvir falar ..................... 21

Capítulo 2
Pai, eu vou morrer? ......................................... 29

Capítulo 3
A vida muda em um minuto ............................. 39

Capítulo 4
Coma ............................................................. 47

Capítulo 5
Deus fará tudo por você ................................... 55

Capítulo 6
Mais uma noite de joelhos .............................. 65

Capítulo 7
O Senhor está comigo entre os que me ajudam ........... 77

Capítulo 8
Marcha à ré ............................................ 87

Capítulo 9
De volta para casa ..................................... 103

Capítulo 10
Palavras que curam .................................... 113

*Epílogo* ............................................... 121

# Apresentação

Antes do dia 11 de março de 2004, o dia em que sofri o acidente, conhecia apenas o Deus dos montes. Apesar das dificuldades já enfrentadas, ainda não conhecia o Deus dos vales, porque, de fato, eu não sabia que Ele era os dois. Após esse dia, passei a conhecer o Deus dos montes e o dos vales, o único Deus que não está no fim dos vales nos esperando sair, mas sim no meio dele, nos dando graça, força e o que mais precisamos para sair da dificuldade. Ele sempre nos mostra um caminho de vitória dentro da tempestade (Nm 1:3), já previamente preparado, para sairmos dela melhor do que entramos.

Apesar de ter passado pelo furacão, ao ler esse livro pude reviver muitos momentos difíceis e de dor, mas também muitos momentos de vitória, alegria e milagre. Na Bíblia, aprendemos que Deus nos ama demais para permitir que seus filhos passem por sofrimentos em vão. Mas quando Ele permite, é com um propósito, e esse propósito é bom, perfeito e agradável (Rm 12:2). Experimentei isso na minha vida de forma literal. Toda a fornalha foi muito difícil, mas necessária. Hoje, olho para trás e vejo que valeu a pena. Deus trabalhou em todas as coisas, para o meu bem e para cumprir o Seu propósito em minha vida (Rm 8:28). Se eu não tivesse passado por essa prova, não teria colhido os frutos ministeriais, profissionais, e nem formado minha família.

Interessante que, mesmo eu já tendo contado esse testemunho tantas vezes, foi somente ao ler este livro que tomei conhecimento de detalhes que, por estar em coma, eu não conhecia. Além disso, também pude ver o problema na perspectiva da minha mãe, que durante todo o momento esteve do meu lado. Hoje, como pai, nem posso imaginar ver meus filhos passando pelo que passei, tamanha a dor e o sentimento de impotência diante dessa situação. Creio que este livro será um instrumento de Deus na vida de pessoas que passam por situações difíceis e também para pais que enfrentam lutas similares ou até piores. Que esta leitura seja um instrumento de fé e força, fundamentais para vencer a fornalha!

Sou grato a Deus pelos meus pais, que são as maiores referências que tenho na vida, depois de Jesus Cristo. Vê-los sofrer por me ver sofrer certamente marcou a minha vida. Mas eu não conseguiria passar nada disso sem ter a fé, o amor e a presença da minha mãe ao meu lado em todos os momentos; ou sem a fé, o amor e a força do meu pai em cada circunstância. Sempre prego que, antes de passarmos

## APRESENTAÇÃO

pelo problema, Deus já nos prepara o escape para que possamos enfrentá-lo. Meus pais foram um escape que o Espírito Santo colocou na minha vida para que eu enfrentasse essa fornalha e prevalecesse. Espero que este livro seja uma poderosa arma de Deus que te incentive a enfrentar a prova e prevalecer!

Bispo David Sousa

# Prefácio

"**P**ai, eu vou morrer?"

Essa frase ainda ecoa em meu coração. Não consigo imaginar um pai diante de um filho que, ardendo em chamas, faz uma pergunta tão profunda e contundente pouco antes de perder os sentidos em meio a tanta dor.

Esta é uma das histórias de superação e milagre mais marcantes que já presenciei. Meu apóstolo César Augusto era esse pai, diante de David, seu filho caçula, nesse terrível acidente. Vi de perto a fé inabalável de meu apóstolo, vi a garra incansável de minha bispa, Rúbia, vi a profunda experiência que David teve com a presença de Deus e vi o adorador-caçador de Deus em quem esse moço foi se transformando a cada etapa do processo que viveu. (Jesus, quanta dor, quantos sonhos postos em xeque naqueles dias!). E o fato de ter visto tudo isso contribuiu para que, hoje, eu tenha um norte no caminho do milagre que sou chamada a trilhar.

Tenho orgulho de ser filha da Igreja Fonte da Vida e de ser parte da família Sousa.

Por isso, por favor, leia este livro como um manual de fé e de esperança. Considere-o como aquele pão que alimenta a alma faminta de exemplos vivos e reais de pessoas, embora sejam como nós, fazem toda a diferença na terra. Pessoas que não se vestem de santidade nem de pompa, mas escolhem todos os dias negar-se a si mesmas, tomar sua cruz e seguir a Jesus, mergulhadas em Sua Presença, focadas no chamado para servir, amar e ver a glória do Eterno brilhar em todo o mundo.

Deus abençoe você, querido leitor, e lhe dê graça e força todos os dias da sua vida!

Pastora Ludmila Ferber

# Agradecimentos

Em primeiro lugar, não tenho palavras para expressar minha gratidão a Deus pela vida dos nossos filhos e, principalmente, por Ele ter poupado a vida e restaurado a saúde do nosso caçula, David Augusto. Ao Nome que é sobre todo nome, o do Senhor Jesus Cristo, seja dada toda honra e toda glória!

Quero também agradecer imensamente à Igreja Fonte da Vida, pelo suporte, pelo amor e pela intercessão naquele momento crucial em que todas as nossas estruturas estavam sendo chacoalhadas pela tormenta. Esses queridos estiveram presentes em todo o tempo nos hospitais ou no santuário e em quartos de intercessão. Também serei eternamente grata aos irmãos, líderes e pastores de outros ministérios que se uniram a nós naquele momento em oração e solidariedade. Recebemos inúmeros telefonemas de apoio e, principalmente, auxílio em oração. Muito obrigada!

Nossos agradecimentos ao Instituto Nelson Piccolo e a todos os profissionais de saúde que agiram com tanta maestria e dedicação para salvar e recuperar um grande queimado. Sei que vocês continuam a fazer isso, por isso os abençoo, em nome de Jesus!

Seria injusto não citar queridos de nossa família, como os avós do David, que sofreram e acompanharam todo o seu processo de recuperação, ajudando como podiam naquele momento: dona Irene, minha sogra querida, que orou e trouxe apoio emocional ao David; pastora Edilze, minha mãe, que se mudou para dentro da nossa casa naqueles dias e se responsabilizou por toda a alimentação enteral de que o David precisava; e pastor Gilberto, meu pai, que nos apoiou com sua presença. Também agradeço muito aos queridos bispos Cássia Helena e Paulo Sérgio, irmã e cunhado do apóstolo César Augusto; e aos bispos Edilane e Lúcio, minha irmã e meu cunhado. Eles deixaram afazeres e até mesmo suas famílias para estar conosco nesse momento tão importante, às vezes dormindo no hospital para que não ficássemos sozinhos. Como eu poderia passar pelo vale sem o auxílio desses amados? Não posso imaginar.

Preciso falar também da dedicação de Déborah e Fábio ao irmão adoecido. Eram tão jovens na época, mas agiram com tanto zelo e maturidade! Puxa, como vejo Deus em vocês! Estávamos todos sofrendo e em choque, e vocês souberam ajudar. O Paulo Júnior, primo-irmão, teve um papel fundamental em toda a recuperação do David. Meu genro, dr. Gian, que na época era um acadêmico e namorava a

## AGRADECIMENTOS

Déborah, estava lá para ajudar. E também minha nora, dra. Priscila: lembro-me de você chorando e orando ao meu lado.

O apoio que recebemos foi tão significativo, necessário e importante para nós que gostaria de citar todos os nomes, mas corro o risco de ser injusta esquecendo-me de alguém, pois, graças a Deus, já se passaram quinze anos dessa tragédia. Deus levantou médicos, enfermeiros e outros profissionais da saúde que, compartilhando da mesma fé, se fizeram muito mais do que amigos naquela angústia, sendo verdadeiros irmãos. O Senhor usou pessoas incrivelmente desprendidas e generosas para nos ajudar a viabilizar parte do tratamento do David, em uma operação logística sobrenatural. Saibam que cada um de vocês têm um memorial diante de Deus e em nossos corações.

Por fim, e não menos importante, quero agradecer aos incentivadores deste livro. Pessoas que me disseram: "Bispa, você não vai escrever sobre esse milagre? Isso precisa ficar registrado". Assim, cito aqui o apóstolo César Augusto. Essa história é tão difícil para ele quanto é para mim, mas ele não só me incentivou a escrever como tem sido meu suporte e apoio ao longo da jornada.

Querida Mônica Vendrame, tentei, ao longo desses quinze anos, pelo menos umas três vezes, escrever esta história, mas sempre esbarrava no peso das emoções e não conseguia ir adiante. Seu profissionalismo e sua sensibilidade são responsáveis pela conclusão deste trabalho. Muito obrigada!

# Introdução

Há 15 anos, vivi a experiência mais difícil da minha vida, e falo como mulher, mãe e serva de Deus: a experiência de ver um filho morrendo em uma UTI e de não saber como tudo aquilo acabaria. Nossa dor e nosso sofrimento começaram em 11 de março de 2004 e só terminariam quase dois anos depois.

Na hora em que se está vivendo a dor, você tenta apenas sobreviver e fazer o possível para evitar que o pior aconteça, mesmo que, na verdade, você não tenha mais controle de nada. Primeiro vem o choque; depois vêm os questionamentos. (Uma boa explicação acerca de por que ou para que estávamos passando por tudo aquilo ajudaria muito, mas essa explicação não veio — ou não conseguimos enxergá-la.) Então, chegam a tristeza, a exaustão e até mesmo a depressão. De minha parte, não houve revolta, mas muitas pessoas se revoltam, brigam com Deus, com a família, consigo mesmas, com o mundo todo, e se lançam em mágoas sem fim, perdendo a conexão com a própria vida.

Mas, à medida que o tempo passa e você vai suportando, vencendo cada etapa, apegando-se ainda mais a Deus, é impossível deixar de perceber que há um propósito em toda situação, que há um propósito no sofrimento. Foi assim que, há 15 anos, nasceu a ideia de escrever este livro.

Depois que o furacão passou, desejei contar minha experiência e testemunhar sobre a fidelidade de Deus no meio da fornalha. Desejei também falar para muitas mães e famílias que estão precisando de esperança para reconhecer que quando o dia da dor chega há sempre um caminho no meio do mar revolto ou da noite escura. Contudo, o peso emocional de reviver aquele período e ressuscitar lembranças dolorosas atrasou, em parte, este projeto. No entanto, entendo que agora o Senhor abriu as portas para que essa história de vida seja contada segundo a perspectiva de uma mãe que também sofreu.

Quero deixar registrado neste livro como os pensamentos de Deus são melhores que os nossos, e seus caminhos são mais altos que os nossos caminhos. Para tanto, lembrei-me de uma história maravilhosa que li em um dos livros de Eugene Peterson. Logo no prefácio, Peterson conta a saga de John Muir, um explorador dos pontos mais extremos do continente americano. O texto narra:

> Em certo período daquela época (ano de 1874), Muir estava de visita a um amigo, dono de um chalé no vale de um dos afluentes do rio Yuba, nas mon-

tanhas — um lugar ermo de onde se podia partir para arriscadas aventuras e aonde se retornava para tomar uma reconfortante xícara de chá. Em certo dia de dezembro, uma tempestade formada no Oceano Pacífico dirigiu-se para o local — uma tempestade violenta que dobrava os juníperos, as pinhas, as madronas e os pinheiros como se fossem simples folhinhas de capim. Tinha sido para momentos assim que o chalé havia sido construído: uma proteção aconchegante nas intempéries. [...] Em vez de recolher-se no conforto do chalé, fechar a estreita porta e jogar mais um pedaço de lenha na lareira, ele saiu do chalé para a tempestade, escalou o alto espigão, escolheu um pinheiro gigante como o melhor lugar para se empoleirar e experimentar o caleidoscópio de cores e sons, aromas e movimentos, e arrastou-se com dificuldade para chegar ao topo. Sobreviveu à tempestade açoitado pelo vento, agarrando-se com todas as forças, deleitando-se com o *Tempo*, absorvendo-o todo — a riqueza de sensações, a energia primitiva.[*]

Peterson usa esse relato para tratar da insistência dos seres humanos em preferir o conforto da criatura aos confrontos do Criador. E continua:

---

[*] PETERSON. Eugene. *Diálogos de sabedoria*. São Paulo: Vida, 2007. p. 7-8.

A palavra "religião", de acordo com uma possível etimologia (nem todos concordam), provém do latim *religare* que significa "religar, tornar a unir". Vem-me à mente minha própria imagem: eu, depois de anos, com tudo ajeitado, tudo reunido passeando pelo vale do rio Yuba de John Muir, apreciando, assoviando satisfeito comigo mesmo, levando "minha vida" embrulhada num pacote muito bem feito, cheio de memórias, princípios e convicções, metas, diversões, orações e devoções, tudo classificado e reunido. Então, a tempestade chega, impetuosa e repentina; uma rajada de vento arranca-me das mãos o pacote de minha vida e espalha todos os componentes pelo vale e pela floresta. O que faço depois disso? Saio correndo feito louco por entre as árvores, rastejo-me pela mata, na tentativa frenética de recuperar as peças da minha vida, recrutando desesperadamente a ajuda dos transeuntes e pedindo conselhos de especialistas, procurando, reavendo, reunindo de novo (religando!) tudo o quanto eu possa salvar da minha vida para depois me esconder no chalé seguro e aconchegante até que a tempestade passe? Ou devo seguir o exemplo John Muir e avançar até o espigão e chegar ao topo do pinheiro gigante, expondo-me ao temporal, sem desejar perder nenhum detalhe sequer dessa invasão da Vida

## INTRODUÇÃO

em minha vida, disposto a perder, sem hesitação, a própria vida para salvá-la. (Mc 8:35)*

É certo que, humanos que somos, preferimos apenas o conforto e a segurança, mas em que isso nos transforma ou enriquece?

Deus, por vezes, pode soprar seu Espírito e desfazer o pacotinho cômodo da nossa vida. Podemos espernear, nos debater e brigar com Deus, mas o Vento não descansa enquanto não vê alguém mais parecido com Jesus emergir do meio das intempéries da vida.

A vida que há em Deus nos coloca diante de confrontos que não apenas nos testam, nos provam e nos fortalecem, mas também nos revelam nossa essência, o que está escondido dentro. Só assim teremos a chance de mudar, de amaciar, de depender Dele, e também de outros. Ao final deste processo, estaremos todos mais curados, mais resolvidos, mais parecidos com Jesus.

Que o Senhor use cada uma destas páginas para abençoar a sua vida e falar com você!

BISPA RÚBIA DE SOUSA

---

* Ibidem. págs. 10 e 11.

CAPÍTULO 1

# Eu conhecia o vale só de ouvir falar

*Ainda que eu ande pelo vale da sombra da morte...*

Salmos 23.4a, ARA

Em 2004, a explosão de um carro confrontou todas as minhas convicções sobre uma vida vitoriosa em Cristo. Não foram poucas as vezes em que perguntei o porquê de tudo aquilo. Era o começo de uma caminhada espinhosa para todos nós — Cesar, Déborah, Fábio, David e eu.

Eu julgava saber bem o que é passar por guerras espirituais, tristezas ou vales, mas naqueles dias pude perceber que os conhecia apenas de ouvir falar; até então, meus problemas haviam sido situações cotidianas normais, dificuldades do dia a dia. Deus permitiu que eu vivenciasse intensamente a passagem por um vale bem mais profundo.

Talvez só as mães possam entender, de fato e em profundidade, a dor que vou descrever nestas páginas, mas qualquer um pode compreender o que vou dizer agora: nenhum de nós está preparado para as tragédias, para a dor e para o sofrimento. E não estou falando dos incrédulos, estou falando dos cristãos mesmo, daqueles que normalmente acreditam que são cuidados e protegidos por um Deus de amor, um Pai perfeito. Descobri que existe um grande abismo entre a expectativa e o que de fato acontece na vida cristã. Um grande abismo entre o que compreendemos sobre o amor de Deus e o modo como ele realmente se manifesta e toca nossa vida.

Às vezes, quando nossa expectativa não se cumpre, a sensação é a de termos sido traídos, pois a circunstância em que nos vemos não faz parte do pacote de vida abundante que "compramos".

O profeta Habacuque disse:

> Mesmo não florescendo a figueira, e não havendo uvas nas videiras, mesmo falhando a safra de azeitonas, não havendo produção de alimento nas lavouras, nem ovelhas no curral, nem bois nos estábulos, ainda assim eu exultarei no SENHOR e me alegrarei no Deus da minha salvação. (Hc 3:17-18)

Trata-se de um texto maravilhoso, mas torcemos para que não passe de uma poesia desvinculada da realidade.

Brennan Manning, em seu livro *O evangelho maltrapilho*, escreveu:

> Muitas das descrições da vida vitoriosa não se encaixam na realidade da minha. A hipérbole, a retórica

inflada e testemunhos grandiloquentes criam a impressão de que uma vez que Jesus é reconhecido como Senhor, a vida do cristão torna-se um piquenique sobre grama verde — o casamento floresce em bem-aventurança conjugal, a saúde física melhora, a acne desaparece e carreiras em declínio de repente alçam voo. Proclama-se que por vida vitoriosa deve-se entender que todo mundo é vencedor. Uma jovem atraente de vinte anos aceita Jesus e torna-se Miss América, um advogado fracassado vence o alcoolismo [...]. Milagres ocorrem, conversões abundam, a frequência na igreja atinge as alturas, relacionamentos rompidos são curados, gente tímida torna-se gregária e um time de segunda divisão vence o Mundial. Descrições idílicas da vitória em Jesus são, frequentemente, coloridas, mais por expectativas culturais e pessoais do que por Cristo e pelo evangelho maltrapilho.

O Novo Testamento pinta outro retrato de vida vitoriosa... Jesus no Calvário [...].*

\* \* \*

O barulho e a movimentação de uma UTI de queimados são intensos, e todos aqueles apitos das máquinas não saem da nossa cabeça.

---

* MANNING, Brennan. *O evangelho maltrapilho*. São Paulo: Mundo Cristão, 2005, pág. 99.

"Senhor, não é possível uma coisa dessas. Eu não posso estar vivendo isso. As peças do quebra-cabeça simplesmente não se encaixam. Onde foi que errei? Por que o Senhor permitiu isso?" Esses eram os meus questionamentos a todo instante.

David tinha 19 anos, era músico, cursava medicina e era brilhante nos estudos. César e eu fomos pegos de uma forma tão agressiva por aquela situação que nos custava "cair a ficha". Eu demorava para entender o que o médico dizia. Para César, a situação era igualmente (se não ainda mais difícil) de digerir. Simplesmente não conseguíamos ver sentido naquilo.

E, na busca por explicações — busca essa que não foi somente nossa, mas de todos ao nosso redor, amigos, familiares e expectadores —, ouvimos muitas coisas que nos feriram. Este foi um dos comentários que me machucou: "Eu sei a razão desse acidente: Deus queria avivar a igreja." Respeitei a imaturidade de quem disse isso, mas, honestamente, acho que Deus não precisa de uma tragédia para realizar seus planos. Ele sopra seu Espírito quando quer avivar a igreja e as pessoas.

Lembro-me da música da pastora Ludmila Ferber:

> O que vem pra tentar ferir
> o valente de Deus
> em meio às suas guerras?
> Que ataque é capaz

de fazê-lo olhar pra trás
e querer desistir?
Que terrível arma é usada
pra tentar paralisar sua fé?

Esses ataques nos fazem olhar para trás e questionar muita coisa. Realmente, dá vontade de parar, de desistir.

Naquela UTI de hospital, a ordem era: "Mãe, não entra aí desse jeito! Passa um batom e melhora essa cara! Dá um sorriso! O David vai pensar que está à beira da morte se vir você assustada ou chorando. Ele já está enfrentando muitas lutas; você precisa ajudá-lo." Eu obedecia. Não derramei sequer uma lágrima perto de David; porém, devo ter chorado todos os dias daquele ano. Eu me afastava, procurava um local isolado e simplesmente chorava. Houve um dia em me que ajoelhei no banheiro do hospital e, aos prantos, orei: "Deus, acabe com tudo logo, pois não sei se vou aguentar que isso se prolongue."

"Mas você, bispa, esposa de apóstolo, não é forte?", as pessoas podem questionar. O que é ser forte? Ficar indiferente diante do sofrimento ou da falta de perspectiva de futuro para um filho? Não consegui.

Quando temos filhos, pensamos no futuro. Fazemos planos e imaginamos como será o futuro deles. Você dá bons estudos porque quer prepará-los para o amanhã. Mas, quando a realidade nos frustra, existe uma quebra, um hiato. Eu não conseguia mais imaginar qual seria o futuro do meu filho. "Será que ele vai conseguir superar isso? Será que vai se casar? Como será o futuro desse rapaz? Com quais sequelas ele ficará?", eu ficava martelando. Era difícil fazer ajustes no planejamento ou refazer a rota, sobretudo porque não dava nem mesmo para saber como seria o dia seguinte.

"Puxa, hein, mãe! Tudo de que mais gosto... Será que vou poder fazer de novo?", questionava David em uma cama de hospital. Que resposta se dá a um filho que nos faz essa pergunta quando a mesma dúvida nos assola? Por essas e outras, vendo seu sofrimento e nossa óbvia limitação, na maioria das vezes, quando David chorava, a família toda chorava junto.

Não deixei que aquilo me imobilizasse, mas questionei muito. Uma vez, ao sair da UTI, reparei que sobre a porta havia uma placa com a inscrição "Deus é fiel". Então, fui repetindo baixinho para mim mesma: "Deus existe. Deus existe e é fiel."

Foi um período em que lutei contra os meus sentimentos e contra as evidências às quais me deparava todos os dias naquela UTI de queimados. Eu precisava crer que a declaração escrita naquela placa era maior e mais forte do que todo o sofrimento que via em meu filho.

Chegou um ponto em que me ajoelhei novamente e, decidida, falei: "Senhor, não entendo e talvez nunca chegue a entender o motivo de tudo isso. Não acho que seja castigo ou maldição. Conheço meu marido e sei de sua integridade. César sempre foi muito justo, aquele tipo de pessoa que requer muita retidão de quem convive com ele. Eu também procuro viver de acordo com o que entendo da tua Palavra. David não estava vivendo em pecado, estava estudando..." E assim, fui repassando toda a nossa vida a limpo.

Foi quando decretei: "Senhor, decido continuar crendo." Não era um sentimento, era uma decisão. Fé é isto: uma decisão no escuro.

Também em *O evangelho maltrapilho*, Manning afirma:

> Jesus foi vitorioso não porque nunca hesitou, respondeu asperamente ou questionou, mas porque, tendo hesitado, respondido asperamente e questionado, manteve-se fiel.
>
> O que faz discípulos autênticos não são visões, êxtases, domínio de capítulos e versículos da Bíblia ou um sucesso espetacular no ministério, mas a capacidade de manter-se fiel. Fustigados pelos ventos volúveis do fracasso, surrados por suas próprias emoções rebeldes e machucados pela rejeição e pelo ridículo, os discípulos autênticos podem ter tropeçado e caído com frequência, experimentado lapsos e relapsos, ter se deixado algemar aos prazeres da carne e se aventurado em territórios distantes. Mas permanecem voltando para Jesus.[*]

---

[*] Ibidem., pág. 99.

▲ Da esquerda para a direita: Déborah, bispa Rúbia, Fábio, apóstolo César Augusto e David, pouco tempo antes do acidente.

CAPÍTULO 2

# Pai, eu vou morrer?

> Meu Deus! Meu Deus! Por que me abandonaste? Por que estás tão longe de salvar-me, tão longe dos meus gritos de angústia?
>
> **Salmos 22.1**

"Rúbia, ora aí; ora agora! Recebi uma ligação. O David sofreu um acidente. Eu não sei o que aconteceu; estou indo para lá", disse César do outro lado da linha, muito aflito. Foi assim que fiquei sabendo que meu filho havia sofrido um acidente de carro. Contudo, nem mesmo em nossos piores pesadelos poderíamos imaginar o que viria pela frente.

Meu marido tinha recebido um telefonema do sargento do corpo de bombeiros, os quais prestaram os primeiros socorros. Mesmo em estado crítico, David se lembrara do número do telefone celular do primo Paulo Júnior, e passou esse número para os bombeiros. Assim, chegaram ao César.

— O senhor é pai do David? Ele sofreu um acidente. Estamos aqui com ele — falou o bombeiro ao telefone.

— Ele está de pé ou deitado? — perguntou César tentando compreender a gravidade da situação.

— Tem um rapaz aqui deitado, mas seu filho está sentado.

A resposta do bombeiro consolou César momentaneamente. O raciocínio era: "Se meu filho está sentado, provavelmente não esteja tão mal." Todavia, naquele caso, o fato de estar sentado não revelava a extensão dos danos no corpo de David. O rapaz deitado era um colega de faculdade de David que foi jogado para fora do carro e, apesar de ter sofrido graves queimaduras por causa do fogo e pela fricção com o asfalto recuperou-se mais rapidamente, graças a Deus.

Ao telefone, respondi ao meu esposo que iria imediatamente à Brasília. Imaginei que ele fosse dizer que não precisava, que me ligaria depois de saber de todo o ocorrido e que bastava que eu permanecesse em oração. Mas não foi assim que aconteceu. "Pega os meninos e vem!" Essa resposta fez soar um alarme em meu coração. Naquele instante, um calafrio percorreu meu corpo até se instalar na boca do estômago, sensação que me acompanharia ainda por muitos meses.

Quando César chegou ao local do acidente, os bombeiros estavam colocando David na UTI móvel e jogando soro fisiológico nas partes queimadas de seu corpo. Meu filho estava da cor do asfalto.

Ao ver o pai chegando, David gritou:

— Pai, eu vou morrer?

— Não! O projeto de Deus não acabou na sua vida, não, meu filho! — César respondeu, quase gritando também.

Isso foi o que sustentou a vida de David. Se não fosse essa palavra, não sei o que seria da vida do meu filho.

* * *

David estudava medicina em Brasília. Naquele dia, ele tinha que entregar um trabalho por volta das 14 horas. Ele e um colega haviam combinado de se encontrar na faculdade entre 11 e 12 horas, mas o colega esqueceu em casa o *pen drive* que continha o trabalho. Então, ambos foram até a casa desse colega para buscar o *pen drive*. Passaram no *shopping* para almoçar e, então, pegaram o caminho para a universidade.

As ruas de Águas Claras, região administrativa da capital federal, são como na maioria das cidades brasileiras: infelizmente, acidentadas e cheias de buracos. David, ao volante, e seu colega estavam a caminho da Universidade Católica de Brasília, que fica naquela parte da cidade, para apresentar o tal trabalho. David sempre foi responsável e cauteloso, dirigindo dentro do limite de velocidade e com cinto de segurança. Em determinado trecho, próximo a um posto de gasolina, ele viu um quebra-molas à sua frente. Mas, pouco antes, um buraco que passou despercebido acabou servindo de alavanca. O carro bateu com força no quebra-molas e, inacreditavelmente, contra todas as probabilidades, rodopiou, bateu em um poste e explodiu.

Uma barra fixada sob o carro se partiu, perfurando o tanque de gasolina, que ficava embaixo do banco traseiro do veículo. Isso contribuiu em muito para a explosão. O fato é que David não tem memória exata do que aconteceu depois do quebra-molas. Uma coisa é certa: não fazia o menor sentido. E ele sempre repetia: "Mãe, como é que isso foi acontecer?"

O colega, que estava no banco ao lado do de David, não estava usando cinto de segurança, assim, foi arremessado para fora. David ficou dentro do carro em chamas, preso ao cinto.

O fogo veio de trás para a frente do veículo, queimando as costas, os cabelos, a parte traseira da cabeça e a lateral dos braços e das mãos de David. Com o impacto da batida, o corpo dele se curvou sobre o volante, dessa forma, protegendo do fogo o peito, o abdômen e as pernas. David estava de óculos escuros, isso também ajudou a poupar seus olhos do fogo.

Muito machucado e com parte do corpo ainda queimando, meu filho tentava soltar o cinto de segurança e sair daquela fornalha em que se transformara o carro, mas a trava do cinto, incandescente, foi queimando tudo e machucando profundamente sua mão direita. Apesar de todo o esforço, ele não conseguiu tirar o cinto nem abrir a porta. Ficou ali queimando e inalando aquela fumaça negra e altamente tóxica da combustão do material plástico do carro. Tudo o que estava no carro foi consumido pelas chamas, incluindo seu material da faculdade, cadernos e livros. Porém, inacreditavelmente, sua Bíblia foi a única coisa que

▲ A Bíblia chamuscada foi a única coisa que não queimou completamente com a explosão do carro.

não queimou, como se fosse um sinal de Deus sobre o livramento que estaria por vir.

* * *

Quero interromper um pouco a descrição do acidente para dizer que o propósito deste livro é reconhecer e glorificar o nome de Deus; afirmar que dependemos Dele, que somos Dele, que Ele faz milagres, sim. A intenção é dizer que Ele também permite que passemos pela fornalha, que no mundo teremos aflições, mas o Filho de Deus, Jesus Cristo, venceu o mundo. Que apesar dos meus questionamentos diante da dor de ver meu filho queimado, em coma, morrendo, preciso reconhecer que Deus nos sustentou com tremendos milagres diários naquele período horrível.

Minha família e eu vivemos muitos milagres, mas todos eles aconteceram dentro da fornalha.

Quero deixar um alerta: nossa maneira de calcular o amor de Deus ou medir quanto somos abençoados pode nos levar a conclusões falsas, a sofismas. Embora muitas vezes sirva de advertência, o sofrimento não é nenhum indicativo de que Deus não nos ama ou que estejamos em pecado. Da mesma forma, uma vida regalada também não significa necessariamente aprovação divina. Nossa compreensão acerca do mundo espiritual e de Deus precisa evoluir e amadurecer.

A criança mimada vê o pai como um carrasco quando ele lhe nega o brinquedo da moda. Em contrapartida, ela pode alegar que tem o melhor pai do mundo ao ser presenteada com aquilo que queria — e continua sendo uma criança mimada. Por isso, o apóstolo Paulo escreveu: "Se é somente para esta vida que temos esperança em Cristo, somos, de todos os homens, os mais dignos de lástima" (1Coríntios 15:19, AA). E o profeta Oseias recomendou: "Conheçamos o SENHOR; esforcemo-nos por conhecê-lo" (Oseias 6:3a). Certamente o Espírito Santo trabalha para nos tirar da condição de filhos mimados e nos tornar filhos maduros como Jesus.

Percebo que, na tentativa de rejeitar a ideia de que Deus permite que "gente boa" enfrente sofrimentos e provações, muitos ministérios erram alegando que tais experiências têm a ver com maldição, falta de fé e vida sem

Deus. A verdade é que o justo passa, sim, por provações, por lutas e muitas dores.

Já reparou o que acontece quando se faz um apelo na igreja e o pastor chama aqueles que estão sofrendo, para que recebam oração? Grande parte da congregação se aproxima do púlpito.

O apóstolo Paulo, inspirado pelo Espírito Santo, nos traz consolo e confiança ao afirmar que "Considero que os nossos sofrimentos atuais não podem ser comparados com a glória que em nós será revelada" (Romanos 8.18). Devemos esperar em Deus e buscar Nele a solução para nossos sofrimentos. Não há outro a quem possamos recorrer, somente Deus. E, em vez de julgar ou condenar, precisamos urgentemente aprender a consolar uns aos outros.

* * *

Depois da explosão, o carro, ainda em chamas, foi parar dentro de um posto de gasolina — uma cena assustadora, sobretudo devido ao perigo de explosões em cadeia pela oferta de combustíveis no local.

Responda-me agora: Qual a probabilidade de haver, em um posto de gasolina, um bombeiro aposentado? Incrivelmente, naquele posto onde o carro do meu filho foi parar, havia um. Esse bombeiro saiu em busca de todos os extintores disponíveis e começou a apagar as chamas. Foi só então que notou que tinha alguém dentro do carro.

▲ Carro destruído pelo fogo.

Abriu a porta e cortou o cinto de segurança. David caiu para fora do veículo, já quase sem respirar.

Você chamaria isso de milagre? Eu sim. Esse foi o primeiro dos muitos que salvariam a vida de meu David Augusto.

De uma das janelas de um edifício residencial ali perto, uma senhora evangélica testemunhou todo o acidente. Ela percebeu que dentro do carro havia mais alguém que precisava ser retirado dali urgentemente. Mais tarde, essa irmã nos contou que começou a clamar em voz alta: "Senhor, tem misericórdia!" Apesar de nos conhecer, ela não sabia que o jovem no carro em chamas era nosso filho.

Seria esse um segundo milagre? Uma intercessora assistindo a tudo no exato momento e clamando a Deus pela vida do meu filho?

O bombeiro colocou David sentado e conseguiu que ele lhe informasse um número de telefone. Em seguida, chamou o serviço de ambulância e foi socorrer também o outro garoto.

Esse episódio terrível aconteceu no dia 11 de março de 2004. Era uma quinta-feira. Embora César precisasse ir à Brasília naquela semana, inicialmente não tinha planos de fazê-lo naquele dia. Apesar disso, acordei com ele se arrumando e me dizendo:

— Rúbia, estou indo para Brasília.

— Ok — respondi ainda sonolenta. E continuei: — César, Deus me deu um sentimento estranho. Eu já orei muito em favor de nossos filhos, mas nunca orei sobre acidentes com fogo.

— Então, ore! — disse ele objetivamente.

Depois do café, César saiu em viagem e nossos filhos foram cada um para suas atividades diárias; assim, tive tempo para orar. Ajoelhei-me, e vinham à minha mente cenas com fogo. Comecei também a sentir o coração apertado. Mas interpretei isso como um ataque de Satanás às minhas emoções. Orei até me sentir mais tranquila e me levantei para os afazeres do dia. Depois do acidente, pensei que eu deveria ter acionado intercessores que orassem por nós. Esse foi um dos aprendizados que o vale me trouxe: é fundamental acionar a intercessão em nosso favor.

César cumpriu seus compromissos em Brasília e, por volta das 13 horas, foi almoçar com o bispo Paulo Sérgio, de nossa igreja, a Fonte da Vida. Foi nessa hora que César recebeu o telefonema do bombeiro e me ligou em seguida. Eram quase 14 horas quando recebi a notícia e começamos a nos preparar para viajar até a capital, uma jornada que confrontaria todas as minhas convicções e me permitiria experimentar os maiores medos e inseguranças de toda mãe.

CAPÍTULO 3

# A vida muda em um minuto

*Registra, tu mesmo, o meu lamento; recolhe as minhas lágrimas em teu odre; acaso não estão anotadas em teu livro?*

**Salmos 56:8**

Ainda meio atordoada, liguei para o Fábio e para a Déborah. Eles imediatamente interromperam o que estavam fazendo e voltaram para casa. Fábio chegou chorando. Parece que todo mundo sabia que o estado de David era grave. Arrumamos tudo às pressas, fizemos uma mala para o David e seguimos viagem. A pastora Joana, nossa ovelha e amiga, foi dirigindo; e irmãos de nossa igreja fizeram caravana para nos acompanhar. Foi tudo muito rápido. Por volta das 18 horas, chegamos ao Hospital Regional da Asa Norte (HRAN), em Brasília, para onde haviam levado nosso David. Era final de tarde, e o trânsito estava terrível. Como se não bastasse a aflição por termos de percorrer ainda alguns quilômetros, o engarrafamento tornou tudo pior.

Quando enfim chegamos ao HRAN, não foi permitida a entrada de toda a família na ala de queimados; somente eu recebi tal autorização. Quando entrei no quarto, César estava na janela, olhando para fora. Olhei na direção da cama e quase não reconheci meu filho. O rosto de David estava muito inchado.

O fogo realmente fez um estrago. Quase quarenta por cento do corpo de David tinha queimaduras, caracterizando seu quadro como de "grande queimado", termo usado para designar alguém que teve mais de 25 por cento do corpo queimado. Uma das coisas que mata o grande queimado é o inchaço, que vai comprimindo todas as veias. David sempre foi magrinho, mas ali no hospital o rosto dele estava muito inchado. Ele estava recostado na cama, todo enfaixado.

— David, está me ouvindo? Está doendo? — perguntei.

— Só quando me mexo — respondeu com dificuldade.

Sempre falei para os meninos: "É melhor perder um minuto na vida do que a vida num minuto." Então, nessa nossa primeira conversa depois do acidente, Davi se lembrou do que eu costumava dizer e afirmou de olhos fechados (o inchaço não permitia que os abrisse):

— É, mãe, a vida muda num minuto...

Isso cortou meu coração.

\* \* \*

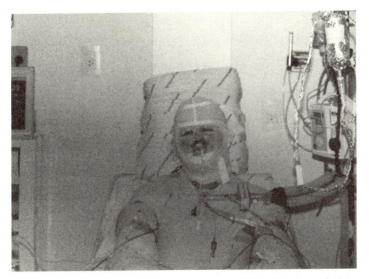

▲ David Augusto, pouco depois de chegar ao Instituto Nelson Piccolo, em Goiânia. Prognósticos sombrios.

O acidente nos faria aprender quase tudo sobre queimados. Algo que entendemos rapidamente é que a queimadura interna é pior e mais perigosa que a externa. Para a vítima de incêndio, o grande perigo é desenvolver a Síndrome do Desconforto Respiratório Agudo (SDRA). A maioria de nós imagina que as mortes por incêndio decorrem das queimaduras pelo fogo. Entretanto, cerca de oitenta por cento dos óbitos resultam da inalação de vapores e de produtos químicos, principalmente monóxido de carbono e cianeto. Outra causa pode ser a lesão provocada pelo calor, capaz de provocar grave inchaço das vias aéreas, obstruindo a passagem do ar para os pulmões. Sem conseguir respirar, a pessoa morre por asfixia.

A SDRA pode surgir vários dias após o acidente, e essa possibilidade era para nós uma preocupação constante. Trata-se de um quadro resultante de intensa inflamação nos pulmões, havendo grande extravasamento de líquidos para dentro das vias respiratórias e insuficiência respiratória aguda.

\* \* \*

Como uma forte sedação poderia ser irreversível, os médicos prescreviam apenas analgésicos a David. Ainda assim, às vezes, ele ficava inconsciente.

Naquele dia, depois que cheguei ao hospital, não apareceu nenhum médico. Quando o relógio marcou 22 horas, recomendaram que saíssemos do quarto. Nem que me matassem eu sairia de perto do meu filho. O pai também não queria arredar o pé, mas os funcionários do hospital insistiam em tirar a gente de lá a todo custo. César achou melhor não criarmos caso.

— Filho, vamos tomar um banho e logo voltamos — avisamos a David.

Nesse meio-tempo, César falou com meio mundo. Procurou o diretor do hospital e acionou até mesmo um senador conhecido nosso, pedindo que falasse com a administração do hospital para que nos permitissem passar a noite com o nosso filho. Deu certo: à meia-noite já estávamos de volta. Quando chegamos, David disse:

— Mãe, onde você estava? Por que demorou? Estou sentindo uma dor insuportável no braço direito; não aguento mais. Já falei com uma médica, ela me passou um remédio, mas não adiantou nada.

Essa foi uma das razões pelas quais entramos com um processo contra o hospital, pois o tratamento que deram a David foi muito ruim. Ele poderia ter perdido o braço, entre outras sequelas. Fizemos um alarde, chamamos os médicos e exigimos uma providência. Assim, depois dessa nossa pressão, examinaram o braço de David e fizeram a primeira intervenção cirúrgica, às 2 horas da manhã. Realizaram uma escarotomia, procedimento para liberar artérias e veias da pressão causada pela constrição e edema e melhorar a circulação sanguínea no braço, que estava comprometida.

De quinta para sexta-feira, David passou por duas cirurgias, uma no braço e outra na mão direita. Na manhã de sexta, a situação parecia muito pior e David não sentia mais o braço. "Mãe, meu braço está caindo", ele repetia. Outra palavra que ele sussurrava constantemente era "água".

Além disso, ele não conseguia mais abrir os olhos por causa do inchaço do rosto, que agora estava do tamanho de uma bola de futebol. David estava tomando soro e alguns medicamentos para dor, mas, como não podia ser sedado, e as dores eram muito intensas, ele não aguentava sequer se mexer.

Ainda na sexta-feira, um pouco mais tarde, foi levado novamente para o centro cirúrgico para cuidar do braço direito. Naquele momento decidimos que nosso filho não poderia continuar naquele hospital.

— Vou levá-lo para Goiânia — César afirmou resoluto, olhando firme em minha direção. Começamos, então, o processo de transferência para Goiânia, onde havia um instituto de referência em queimados. Os médicos fizeram uma reunião conosco para tentar explicar qual era o protocolo, entre outras questões técnicas. Deram explicações sobre por que não queriam que ficássemos na noite anterior como acompanhantes, etc. Mas nada daquilo me interessava. "Meu filho está morrendo lá no outro quarto e esse pessoal se explicando aqui?!" eu pensava, sem conseguir sequer levantar a cabeça para ouvi-los.

César ligou para o dr. Nelson Piccolo, de Goiânia, que entrou em contato com a direção do HRAN e solicitou imediatamente a transferência:

— Coloquem esse rapaz em uma UTI aérea e mandem-no para Goiânia o mais rápido possível.

Conseguimos tirar o David do HRAN às 18 horas da sexta-feira, em uma ambulância que o levaria até o aeroporto, onde seria transferido para um avião-UTI. César e eu o acompanhamos em todo o percurso, na ambulância e no avião. Novamente, tivemos que enfrentar o trânsito de final de tarde em Brasília. Para fugir do engarrafamento, a ambulância seguia em zigue-zague, zunindo e passando por cima de canteiros, entre outras manobras — essa é uma experiência da qual a gente não esquece. Demoramos mais para chegar ao aeroporto do que para fazer o percurso Brasília-Goiânia.

Semiconsciente, David pedia água o tempo todo e insistia que o braço estava caindo. De vez em quando, "apagava". Na UTI aérea, fomos acompanhados por dois profissionais. Durante o voo, David vomitou muito, o que nos deixou ainda mais preocupados. Assistíamos a tudo confusos, sem conseguir acreditar no que víamos, e aflitos, cada vez mais conscientes da nossa impotência. Só podíamos orar, e era isso o que fazíamos sem cessar — nós, nossos familiares e toda a igreja, que foi fiel e nos acompanhou em todos os momentos difíceis.

Tanto em Brasília como em Goiânia, pessoas de nossa família de sangue e de nossa família-igreja permaneceram na porta do hospital 24 horas por dia. Várias pessoas nos acompanharam até o aeroporto da capital e, quando chegamos ao aeroporto de Goiânia, já haviam irmãos queridos nos esperando também.

No dia 12 de março de 2004, David deu entrada no Instituto Nelson Piccolo.

CAPÍTULO 4

# Coma

*Porque para mim tenho por certo que os sofrimentos do tempo presente não podem ser comparados com a gloria a ser revelada em nós.*

**Romanos 8.18, ARA**

O Instituto Nelson Piccolo está localizado no Setor Oeste, um dos bairros mais antigos de Goiânia e, portanto, um local onde as ruas são mais estreitas. Juntando-se a isso a grande quantidade de irmãos queridos da igreja que já estavam ali, quando chegamos todo o entorno estava tomado de gente. Nessa hora, apesar da preocupação, entendi que o crente não passa pelo vale sozinho; Deus providencia ajuda. Tinha tanta gente na rua que até a direção do hospital se assustou. Nunca conseguiremos ser completamente gratos por esse amor que recebemos da Igreja Fonte da Vida.

Aproximava-se das 19 horas quando chegamos ao Instituto. David logo foi encaminhado à primeira avaliação, realizada pelo dr. Nelson Piccolo e por sua equipe. César, minha mãe e eu ficamos em uma salinha por duas ou três horas, aguardando o resultado dessa primeira investigação. Familiares e inúmeros irmãos da igreja intercediam do lado de fora.

Após essa longa espera, o dr. Nelson e o intensivista, que seria o mesmo a acompanhar grande parte do tratamento de meu filho, vieram com as notícias:

— A situação do rapaz é a seguinte: ele está com 39 por cento do corpo queimado. Ele está todo queimado da omoplata para cima, ombros, pescoço e cabeça. Braços e mãos também estão comprometidos, sobretudo o braço direito. Na parte frontal do rosto, a queimadura é menos profunda, e os olhos foram poupados. Mas o pior não são as queimaduras externas, mas o fato de ele ter inalado o produto de toda aquela combustão, o que é totalmente tóxico. Minha grande preocupação, dona Rúbia, não é a queimadura por fora, é a parte interna. Dependendo da evolução, ele pode desenvolver a Síndrome do Desconforto Respiratório Agudo, quando o pulmão enrijece e para.

Apesar da maneira pedagógica com a qual tentaram nos explicar o estado de David, eu não conseguia entender o que o médico dizia. A sensação era de que a minha cabeça estava "oca". Quando uma pessoa leva um choque muito grande, parece que fica mais difícil processar as coisas.

— Isso é muito ruim, doutor? — perguntou César, também custando a entender a gravidade da situação.

— Fizeram uma cirurgia lá em Brasília. Não sei quem foi, mas quase estragaram a mão do rapaz. Abriram onde não deveria ser aberto; e não abriram onde deveriam fazê-lo. O sangue não circula pelo braço do rapaz. Vamos fazer uma nova intervenção e, amanhã de manhã, conforme for, teremos que amputar esse membro.

Isso foi um choque tremendo para mim.

— Como assim? — perguntei incrédula.

— Nós vamos repetir a cirurgia e reavaliar a situação desse braço. Conforme for, pode ser que tenhamos que amputá-lo. Digamos que David tem cinco por cento de chance.

— De sobreviver? — indaguei.

E o médico assentiu com a cabeça.

O intensivista, vendo o desespero estampado em nosso rosto, virou-se para nós e disse:

— Dona Rúbia, vou usar uma metáfora para tentar explicar para vocês. Um grande queimado é como um caminhão que a gente vai empurrando ladeira acima na tentativa de que chegue lá no topo. O problema é que, de uma hora para outra, o caminhão pode escorregar e despencar ladeira abaixo. Mas a senhora tem fé, não tem?

— Sim! — respondi convicta, mas chocada.

— Então, vamos empurrar o caminhão ladeira acima em oração.

O dr. Nelson, percebendo nosso estado de choque, começou a dizer:

— Ele tem a seu favor o fato de ser jovem, nunca ter fumado, não beber, praticar esporte… Seu organismo está forte. A senhora tem fé, não tem? Eu sou otimista.

Quando um médico lhe pergunta se você tem fé, boa coisa não é. A sensação que se tem nessas horas é a de estar em meio a um pesadelo. Eu parecia estar suspensa no espaço: o tempo tinha parado, não havia som, nem cor. Lembro apenas que César perguntou se podíamos ver nosso filho.

O médico pediu que aguardássemos, pois estavam iniciando uma sessão de fisioterapia pulmonar, visto que David precisava respirar, mas seu pulmão estava muito comprometido. Essa fisioterapia era feita de modo que os movimentos ajudassem o pulmão a funcionar, em uma tentativa de forçar a respiração. Embora David tivesse períodos de inconsciência, a fisioterapeuta insistia com ele: Tosse! Respira! E ele obedecia aos comandos, o que o médico reconheceu como um esforço para responder ao tratamento.

"Às 7 horas da manhã vamos fazer uma nova avaliação. Às 6 horas, vocês poderão vê-lo."

Eu não arredaria o pé do hospital. Nem a igreja em peso lá fora, nem os irmãos no saguão. Havia intercessores em todo lugar.

\* \* \*

Em casos como o de David, além do uso de medicamentos, como antibióticos e uma pomada para evitar a infestação de micro-organismos nas feridas, é preciso que os curativos sejam limpos e trocados diariamente, ou melhor, duas vezes ao dia. Dependendo da gravidade das lesões, o paciente fica em um leito exclusivo e não pode ser tocado pelos visitantes. Antes de entrar nesse leito, os acompanhantes devem tomar banho e trocar toda a roupa. Como a direção do hospital se assustou com a quantidade de pessoas fora do hospital, não sabendo distinguir entre familiares, amigos e curiosos, e dada a gravidade das lesões, as visitas foram totalmente proibidas.

Outra medida para evitar as infecções é o desbridamento, cirurgia de raspagem de tecidos mortos que diminui os riscos de colonização de micro-organismos na ferida. Praticamente todos os pacientes com lesões graves são submetidos a esse procedimento, que, por sua vez, é sucedido por cirurgias de enxerto: pedaços de pele de partes sadias do corpo são transferidas para as regiões comprometidas pelas queimaduras. Sem essas técnicas, a recuperação, que em geral leva de um a dois anos, pode demorar muito mais tempo.

Quando já não corre mais riscos e recebe alta, o paciente precisa usar uma malha compressiva para controlar as cicatrizes, que podem crescer desordenadamente. Usada de maneira contínua, essa malha estabiliza e amacia a pele. O tecido que se forma nas cicatrizes é mais duro e fibroso do que o do restante do corpo. Muitas vezes, quando as cicatrizes estão nas juntas, é impossível recuperar totalmente os movimentos, pois a pele perde a elasticidade. Então, há a necessidade de readaptação.

\* \* \*

Fomos para casa, tomamos um banho e, às 4 horas da manhã, César e eu voltamos para o hospital, onde Fábio havia ficado. Nós o encontramos cochilando em uma cadeira na recepção do pronto-socorro.

— Tudo bem, filho? — perguntei. — Vá para casa! Mais tarde você volta.

Ele insistiu que ficaria ali conosco.

Uma coisa da qual me recordo bem é que, quando chegamos à porta do hospital, alta madrugada, tudo escuro, soprava uma brisa um pouco mais fresca. Todo mundo que estava em vigília já havia voltado para suas casas, exceto duas pessoas. Naquela ocasião, uma atitude simples me marcou muito: um querido casal de pastores da nossa igreja estava nos esperando com uma garrafa térmica: "Sabíamos que vocês voltariam, então trouxemos café." Tomamos o café por gratidão, porque vontade não tínhamos. Desde a quinta-feira do acidente até aquele momento, madrugada do sábado, não tínhamos dormido nem nos alimentado.

Esperamos ansiosos até que chegasse o horário da visita. Às 6 horas, permitiram que a gente entrasse na UTI. Eu tinha consciência de que o David não havia recebido um bom tratamento em Brasília e agora estava sendo mais bem tratado, e, de certa forma, isso me tranquilizava.

Em uma UTI de queimados, existe um protocolo rígido de assepsia. Temos que entrar com uma vestimenta especial, incluindo máscaras, luvas e proteção para sapatos.

Quando entramos, achei que David estava um pouco melhor, mais consciente; não sei se devido aos medicamentos ou à terapia pulmonar, mas ele estava mais alerta.

Cheguei perto dele e disse:

— Oi, David! Oi, meu filho!

— Mãe, mãe...

— Como você está?

Sem resposta.

— O papai vai orar por você agora — disse César.

— Então, ore para eu dormir um pouco — pediu David.

— Você não dormiu nem descansou, meu filho? — perguntei.

— Mãe, aqui ninguém dorme, não.

Somente quando David fez esse comentário foi que me atentei para o movimento da UTI, um grande quarto com alguns leitos. Havia crianças chorando, barulho dos aparelhos, movimentação da enfermagem. No decorrer do tratamento, a UTI foi se esvaziando — o que recebo como providência de Deus. O único que ficou foi David. Por cerca de dez dias, ele recebeu tratamento exclusivo.

Depois da avaliação, os médicos decidiriam se teriam ou não de amputar o braço direito. David ainda não sabia, apenas nós. Ele só ficou sabendo que correu o risco de perder um membro depois de muitos anos. Já havíamos orado a madrugada toda e pedido a intercessão da igreja.

Ficamos com David até que fosse levado para o centro cirúrgico, quando nos direcionaram para um quarto cedido pelo hospital a fim de que estivéssemos com familiares e amigos próximos. Todos sabiam que não sairíamos dali, então decidiram que seria melhor nos acomodar em um quarto. Foi nesse local que morei por quase dois meses.

Após cerca de três horas de espera angustiante, com muito clamor e oração, enfim o médico veio até nós com o diagnóstico:

— O santo de vocês é muito forte. Abrimos as ataduras e notamos que há sangue nas unhas do David. Isso significa que a circulação voltou e que ele não corre mais o risco da amputação.

— Nosso Santo é o mais forte que há. É o Senhor Jesus Cristo! – bradou César.

Respiramos aliviados, agradecemos e louvamos ao Senhor por esse livramento. Deus tem um caminho no meio da tempestade. O Senhor tem cura e restauração para todo aquele que a Ele clamar.

Depois de passar o sábado inteiro no hospital, decidimos ficar em casa na manhã de domingo. Nossa intenção era tomar um banho, descansar um pouco e voltar para o hospital. Mas, assim que chegamos em casa, o telefone tocou:

— Voltem para o hospital imediatamente. O David teve um edema de glote seguido de uma parada cardíaca e está em coma — disse a voz do outro lado.

CAPÍTULO 5

# Deus fará tudo por você

Senhor, meu Deus, clamei a ti por socorro, e tu me saraste. Senhor, da cova fizeste subir a minha alma; preservaste-me a vida para que não descesse à sepultura.

**Salmos 30.2-3, ARA**

Sem acreditar no que acabáramos de ouvir, pegamos o carro e fomos para o Instituto Nelson Piccolo. Durante todo o trajeto, não trocamos uma só palavra. Da nossa boca saía apenas: "Senhor Jesus! Senhor Jesus! Senhor Jesus!" Chegamos ao hospital sem saber se nosso filho estaria vivo ou morto.

Passar por uma situação dessas com um filho é muito sofrido e envolve um grande conflito. Durante toda vida, David foi um menino muito consagrado, sempre amou a Deus e tinha um relacionamento real com Cristo. Sempre tivemos a certeza da salvação e da vida eterna, mas a possibilidade da morte de um filho é algo devastador e impossível de ser compreendido. Não sei se todos reagiriam como eu. Na hora, fiquei em "modo automático": não chorava, não gritava, fazia o que tinha que ser feito. Quando tudo acabou, então fiquei doente.

Chegamos ao hospital e ficamos no quarto esperando notícias. Em nossa cabeça, havia um turbilhão de pensamentos, e, infelizmente, o medo do que viria pela frente nos assolava. Toda hora eu me lembrava de que David sofrera de asma e fizera tratamento desde bem pequeno. Quando ele chegou ao hospital, essa foi a primeira informação que dei aos médicos. "Será que não prestaram atenção no que eu falei?", eu pensava.

* * *

Convém dizer que, na noite anterior, eu havia entrado na UTI e notado que a respiração de David parecia muito angustiante. Ao chegar mais perto, percebi que os batimentos cardíacos estavam em 170; meu filho fazia um barulho horrível ao puxar o ar para respirar. Então lhe perguntei:

— David, você está me ouvindo?

— Me tira daqui!!! — ele gritou, jogando as pernas com toda a força contra os pés da cama.

Foi uma cena que me marcou muito e me deixou desesperada. Minha vontade foi tirar meu pulmão e entregá-lo ao meu filho.

— Doutor, ajude meu filho! Ele está com muita dificuldade para respirar — falei para o médico de plantão.

Imediatamente, esse médico e alguns enfermeiros cercaram a cama. Uma enfermeira me afastou dali.

— Ele não está bem! Ele não está bem! Ele não está bem!...

Fui repetindo isso quase que mecanicamente até chegar ao quarto. Poucas horas depois, meu filho teve o edema de glote, isto é, um inchaço que fechou suas vias respiratórias, impedindo-o de respirar.

* * *

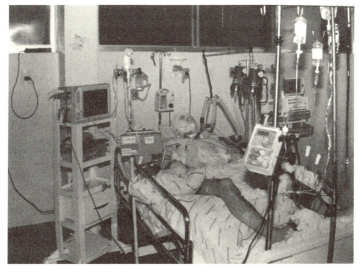

▲ Na UTI, David enfrenta paradas cardiorrespiratórias e precisa ser ressuscitado mais de uma vez.

Após um tempo de espera que não sei precisar, vieram falar conosco. David já estava no respirador e em coma.

— Nós quase perdemos o David. — Foi com essas palavras que o dr. Nelson Piccolo começou a nos explicar o ocorrido. E continuou: — O David foi embora, e eu sei que não fui eu quem o trouxe de volta.

Imagine como nos sentimos! Ao mesmo tempo que ficamos muito gratos pelo fato de o próprio médico reconhecer aquele milagre, nós nos apavoramos com a grande possibilidade de nosso filho não voltar do coma.

Recebemos explicações sobre o edema de glote e soubemos que a tentativa de ressuscitar David levou mais de dez minutos. Quando ele voltou, começaram a administrar remédios e induziram um coma para que se recuperasse; apesar disso, em um primeiro momento, a situação se agravou.

Mais tarde, uma enfermeira da UTI que se tornou nossa amiga me confidenciou: "Dona Rúbia, quando vi que o David não regia aos esforços do dr. Nelson, pensei: 'Não vai ter jeito!". Além de todos os perigos, somava-se à nossas preocupações uma questão central: como e se ele voltaria do coma. Muito tempo sem respirar pode comprometer vários sistemas importantes.

Depois desse episódio, passei cerca de cinquenta dias praticamente sem dormir. Dormia uma hora ou duas por noite e já acordava sobressaltada, literalmente ouvindo a voz de meu filho chamando: "Mãe!" Meu coração disparava. No pouco que dormia, tinha pesadelos, sonhos aterrorizantes. Lembro de certa vez ter sonhado que estava passando por uma rua cujos prédios caíam como em um terremoto — e de fato, eu enfrentava algo bem semelhante. O mesmo acontecia com César; muitas vezes acordei ouvindo-o orar ajoelhado.

\* \* \*

O domingo trouxe a notícia do coma e foi o pior dia da nossa vida. As horas se arrastavam vagarosas. César e eu estávamos extremamente preocupados; com aquele nó na boca do estômago, era impossível relaxar. A equipe médica pediu um tempo para verificar a evolução do quadro de David. Por fim, já quase ao entardecer, fomos informados que o estado dele tinha estabilizado. Apesar disso, a situação era muito grave.

Além de tudo, tinha febre de quarenta graus (a febre contínua é considerada comum em grandes queimados). Como em geral sinaliza infecção, a febre sempre indica risco para pacientes que sofreram queimaduras graves. No caso de David, além de serem profundas, as queimaduras eram extensas, cobrindo grande parte do corpo. Para evitar uma infecção generalizada, realiza-se o desbridamento, isto é a cirurgia de raspagem de tecidos mortos, como disse no capítulo anterior. Praticamente todas as vítimas de queimaduras graves são submetidas a esse procedimento. O problema é que David estava em coma e muito fragilizado.

A equipe esperou alguns dias e então o médico alertou:

— Não podemos correr o risco de essa pele necrosada infeccionar. Precisamos fazer a raspagem. Embora ele esteja em coma, não podemos adiar mais.

— Ele está em coma. Como vocês vão fazer isso? Qual é a chance de ele sobreviver a esse procedimento? — questionei.

— Posso dizer para a senhora que, sem essa intervenção, ele não tem chance nenhuma – retrucou o médico.

Depois de uma sentença dessas, que escolha teríamos? Como foi difícil assinar a declaração de que sabíamos do risco que David corria ao ser submetido àquela cirurgia e de que sem ela o risco seria ainda maior! Ficamos em um dilema cruel, mas não havia outra alternativa. Sei que muitas famílias já passaram por situação parecidas: ter que tomar uma decisões que envolve risco de perder um ente querido. Mais uma vez, perguntei: "Por que, Senhor?" Foi em meio a muitas lágrimas que César e eu assinamos aqueles papéis.

Quando entregamos nossos problemas, lutas e, em especial, nossas dores a Deus, o que queremos é que Ele lute por nós, vença o problema e elimine a dor. Contudo, em toda a Bíblia há relatos que revelam que não é assim que Deus age. O que Ele faz é nos capacitar para vencer as lutas e os problemas. Ele também nos provém o necessário para lidar com a dor e superá-la. Assim, nos faz mais que vencedores. Veja o que diz o apóstolo Paulo em 2Coríntios 12:7-9:

Para impedir que eu me exaltasse por causa da grandeza dessas revelações, foi-me dado um espinho na carne, um mensageiro de Satanás, para me atormentar. Três vezes roguei ao Senhor que o tirasse de mim. Mas ele me disse: "Minha graça é suficiente para você, pois o meu poder se aperfeiçoa na fraqueza". Portanto, eu me gloriarei ainda mais alegremente em minhas fraquezas, para que o poder de Cristo repouse em mim.

Paulo queria ficar livre da dor — ou seja lá o que signifique aquele espinho na carne. Todavia, Deus lhe deu graça, uma capacidade além do entendimento para suportar e superar a dor. Posso dizer que naquele período difícil com David fomos sustentados pela graça, isto é, por uma capacitação divina para enfrentar tudo aquilo.

\* \* \*

Embora os dias fossem terríveis, em todo o tempo a igreja esteve de plantão no hospital. Pastores, irmãos e amigos se revezavam em oração, intercedendo por nós. Alguns chegavam até o quarto onde estávamos. Tamanhos eram o movimento e a presença da igreja que a administração do hospital acabou distribuindo uma circular dirigida aos "familiares" do David (a equipe hospitalar não sabia distinguir quem era de nossa família e quem era da igreja) na qual estabelecia regras de visitação e solicitava que a rotina do local não fosse perturbada.

Havia reunião de oração o tempo todo em todo lugar, então pedimos aos irmãos que não ficassem na porta ou no saguão. Realmente, aquela circulação de pessoas deve ter incomodado o hospital, mas não sei o que seria de nós e do David sem tal apoio. Também no santuário de oração, um cômodo espaçoso que temos na sede da Igreja Fonte da Vida, reservado apenas para a realização de preces, as pessoas se revezavam em uma cadeia ininterrupta de oração por nós e, em especial, pela vida do nosso David Augusto. Nunca conseguiremos agradecer suficientemente a esses irmãos.

Apesar de todo o amor que recebi, das palavras de incentivo, palavras proféticas e orações, preciso dizer que o dia do sofrimento, o dia mau, é um tempo muito solitário; não há como partilhar, de fato, a dor. As pessoas se solidarizam, mas ninguém sabe o que se passa no coração de quem sofre.

Muitos chegavam tentando nos animar e nos fazer rir. Outros nos ofereciam comida, mas não tínhamos fome. Tenho que confessar que até me irritei algumas vezes. Entendo que isso é amor, mas quando passamos por problemas muito difíceis, ficamos menos tolerantes. É preciso ter muita sensibilidade para ajudar quem está sofrendo.

Quando David foi submetido à raspagem, não podíamos frequentar a UTI, então ficávamos mais tempo no quarto. Sempre que estávamos ali e ouvíamos o som da porta do elevador, meu coração disparava. Podia ser o médico com notícias, e a gente nunca sabia o que viria.

Exatamente nessa fase do tratamento, tivemos uma experiência sobrenatural. Na madrugada que se seguiu à cirurgia de desbridamento de David, nosso medo era não saber se ele amanheceria vivo. Portanto, oramos continuamente. Devia ser por volta das 2 horas da manhã quando começamos a ouvir a música "Ouça e tome posse", da pastora Ludmila Ferber. Era como um som ambiente.

— Está ouvindo, César?

— Sim. Alguém deve ter colocado lá na rua para a gente ouvir.

Saí procurando de onde vinha aquela música. O quarto onde estávamos não ficava longe da entrada do hospital. Então, fui caminhando até a portaria. Era de madrugada, estava tudo quieto, à meia-luz. Havia somente os poucos funcionários da recepção do hospital e não tinha som nenhum no corredor nem na rua. Também não tinha ninguém lá fora. Quando voltei para o quarto, a música estava lá.

— Alguém deve ter colocado para a gente ouvir — insistiu meu esposo.

Mas para mim foi algo sobrenatural, um recado de Deus ao meu coração, porque essa música foi um alimento, foi minha trilha sonora por muitos dias. Ela não saía da minha mente:

Ouça e tome posse
da Palavra do Deus Vivo,
Ele está aqui.
Assim diz o Senhor:
"Abrirei rios no deserto,
romperei fontes no meio dos vales,
e a terra seca se transformará
em mananciais de águas vivas...
Passarás firme pelas águas,
passarás firme no meio do fogo.
Nem as águas poderão te destruir,
nem mesmo o fogo te afligir...
Deus fará tudo por você!
Moverá céus e terra com Seu poder,
e o impossível vai acontecer.
Vitória e honra Ele trará sobre você.

Na manhã seguinte, depois de outra noite de vigília em oração, recebemos a notícia de que nosso filho havia dado importantes sinais de melhora. Que maravilha! Celebramos com alegria no coração.

Uma vez ouvi dizer: "Quer saber o valor de um minuto? Pergunte a quem está esperando notícias na porta de uma UTI". Como isso é verdadeiro!

CAPÍTULO 6

# Mais uma noite de joelhos

> Eu, porém, invocarei a Deus, e o Senhor me salvará. À tarde, pela manhã e ao meio-dia, farei as minhas queixas e lamentarei; e ele ouvirá a minha voz.
>
> **Salmos 55.16-17, ARA**

Existem contas que não fecham jamais. Naqueles dias de dor, tantas eram as vozes tentando achar uma boa explicação para o que estava acontecendo com David que em determinado momento eu disse para algumas pessoas: "Se vocês acham que sabem o motivo pelo qual isso está acontecendo, não venham me falar, porque isso pode me machucar muito."

Em meio à luta contra a morte, ouvimos comentários absolutamente desnecessários, como o de alguém que afirmou: "Rapaz novo... Devia estar na algazarra. Garanto que estava correndo com o carro."

Absurdo! Quem conhece o David sabe que ele sempre foi "caxias". Entrou na faculdade de medicina aos 17 anos, o que significa que passou a adolescência estudando dentro de um quarto.

Além da pressão e da angústia diária de ter um filho entre a vida e a morte, tivemos de superar a crueldade alheia. E, nesse turbilhão, a Palavra de Deus era meu refúgio. Uma porção da Bíblia me ajudou muito e quero compartilhá-la aqui: a história de Ester, que fez muito sentido para mim.

> Então a rainha Ester respondeu: "Se posso contar com o favor do rei, e se isto lhe agrada, poupe a minha vida e a vida do meu povo, este é o meu pedido e o meu desejo. Pois eu e meu povo fomos vendidos para destruição, morte e aniquilação. Se apenas tivéssemos sido vendidos como escravos e escravas, eu teria ficado em silêncio, porque nenhuma aflição como essa justificaria perturbar o rei.
> 
> [...]
> 
> Mas Ester tornou a implorar ao rei, chorando aos seus pés, que revogasse o plano maligno de Hamã, o agagita, contra os judeus. Então o rei estendeu o cetro de ouro para Ester, e ela se levantou diante dele e disse:
> 
> "Se for do agrado do rei, se posso contar com o seu favor, e se ele considerar justo, que se escreva uma ordem revogando as cartas que Hamã, filho do agagita Hamedata, escreveu para que os judeus fossem exterminados em todas as províncias do império.

Pois, como suportarei ver a desgraça que cairá sobre meu o povo? Como suportarei a destruição da minha própria família?"

O rei Xerxes respondeu à rainha Ester e ao judeu Mardoqueu: "Mandei enforcar Hamã e dei os seus bens a Ester porque ele atentou contra os judeus. Escrevam agora outro decreto em nome do rei, em favor dos judeus, como melhor lhes parecer, e selem-no com o anel-selo do rei, pois nenhum documento escrito em nome do rei e selado com o seu anel pode ser revogado".

Isso aconteceu no vigésimo terceiro dia do terceiro mês, o mês de sivã. Os secretários do rei foram imediatamente convocados e escreveram todas as ordens de Mardoqueu aos judeus, aos sátrapas, aos governadores e aos nobres das cento e vinte e sete províncias que se estendiam da Índia até a Etiópia. Essas ordens foram redigidas na língua e na escrita de cada província e de cada povo, e também na língua e na escrita dos judeus. Mardoqueu escreveu em nome do rei Xerxes, selou as cartas com o anel-selo do rei, e as enviou por meio de mensageiros montados em cavalos velozes, das estrebarias do próprio rei.

O decreto do rei concedia aos judeus de cada cidade o direito de reunir-se e de proteger-se, de destruir, matar e aniquilar qualquer força armada de qualquer povo ou província que os ameaçasse, a eles, suas mulheres e seus filhos, e de saquear os bens dos seus inimigos. (Ester 7:3-4; 8:3-11)

Ester era a rainha da Pérsia. Mesmo assim, ela não tinha poderes para reverter aquela sentença de morte sobre seu povo. Nem mesmo o rei poderia mudar um decreto previamente assinado por ele próprio e selado com seu anel. Mas o rei poderia criar uma lei dando liberdade para que os judeus se defendessem.

Entendo que alguns decretos não podem ser quebrados, situações que não posso mudar, não consigo entender e que parecem estar escritos contra nós. Mas ainda assim, pela intercessão — e vejo Ester como intercessora —, podemos conseguir armas para lutar e transformar essas situações. Armas espirituais para lutar, batalhar e não desistir. Aprendo isso com a história de Ester, e é algo que fez e ainda faz sentido para mim. Naquele momento estávamos lutando com todas as nossas forças — poucas, diga-se de passagem — e com todas as armas espirituais, como a oração, a Palavra, o louvor, o jejum (embora eu já não estivesse comendo nada mesmo) e a comunhão com a igreja. Tudo isso nos manteve de pé.

Às vezes, as pessoas querem receitas, dicas infalíveis de como passar pelo dia mau, mas não entendem que o Senhor não tem segredos para com seus filhos. Ele deixou tudo escrito em Sua Palavra. Não existe uma dica de ouro ou uma receita milagrosa, mas existe um conjunto de atitudes e de armas espirituais ao qual precisamos recorrer no dia da luta.

Talvez, nós, brasileiros que nunca estivemos literalmente em guerra, não entendamos bem quando a Palavra de Deus nos estimula a lutar e a resistir aos ataques satânicos; contudo, a verdade é que precisamos nos enxergar como guerreiros no meio da batalha.

> Pois, embora vivamos como homens, não lutamos segundo os padrões humanos. As armas com as quais lutamos não são humanas; pelo contrário, são poderosas em Deus para destruir fortalezas. Destruímos argumentos e toda pretensão que se levanta contra o conhecimento de Deus, e levamos cativo todo pensamento, para torná-lo obediente a Cristo. (2Coríntios 10:3-5)

\* \* \*

Como descrevemos nos capítulos anteriores, no dia 14 de março de 2004, David teve um edema de glote e um broncoespasmo. Seu pulmão não aguentou a sobrecarga, o que causou a primeira parada cardiorrespiratória. David foi ressuscitado, passou por uma traqueostomia e foi ligado a um aparelho respirador. Estava agora em coma induzido. A temperatura corporal se mantinha em quarenta graus, e os médicos ainda não sabiam quais bactérias agiam no organismo dele.

Naturalmente, estávamos desolados, com pouquíssimas esperanças. Nós nos agarrávamos à Palavra de Deus e à oração. César ligou para todos os pastores, bispos, apóstolos e líderes que conhecia, no Brasil e fora do país, pedindo oração. Aquela era a maior de nossas guerras e precisávamos de toda ajuda possível.

Não bastasse o fato de o quadro de David ser muito delicado, todos os dias novas más notícias apareciam para solapar nossa já combalida força.

No hospital em Brasília não haviam feito nenhum exame para averiguar a região torácica e a cavidade abdominal de David, ainda que todos soubessem que ele tinha inalado muita fumaça. Fizeram apenas uma tomografia da cabeça. Em Goiânia, após a primeira parada cardiorrespiratória, os médicos nos disseram que precisavam checar os órgãos internos. Eles já haviam feito exames de imagem dos pulmões e constatado que esse órgão estava muito comprometido e que havia o risco de David desenvolver SDRA.

A equipe médica sugeriu que, pelo agravamento do quadro, existia uma grande probabilidade de haver alguma outra complicação nos órgãos internos decorrente do impacto do carro. Os médicos queriam fazer um ultrassom porque em uma radiografia havia sido detectada uma mancha na região do baço. Contudo, naquela época, ou seja, quinze anos atrás, o instituto não dispunha de um certo tipo de ultrassom, e David não tinha condições de ser removido dali.

De forma maravilhosa, um irmão da Igreja Fonte da Vida, dono de uma clínica de diagnósticos, cedeu-nos um aparelho, levou-o até o hospital e, então, o exame pôde ser realizado.

Embora David estivesse em coma, os médicos conseguiram fazer o exame de ultrassom e confirmaram: no lugar onde deveria estar o baço havia uma mancha do tamanho de uma laranja. O prognóstico era de que, provavelmente, na ocasião da batida, o baço havia sido perfurado e rompido, daí a existência de uma rotura onde deveria haver um órgão intacto.

O baço é importante porque participa do sistema de defesa do organismo. Localizado na parte superior esquerda do abdômen, pode se romper em razão de uma pancada forte na barriga. A ruptura do baço representa uma emergência que exige transfusão sanguínea imediata e intervenção cirúrgica para deter a perda de sangue. Caso o socorro demore, o paciente pode sofrer um choque hipovolêmico (diminuição do volume sanguíneo) e vir a óbito.

O ultrassom foi feito no final do dia, quase à noite e, logo após a confirmação de que algo estava errado e que havia um comprometimento do baço, teve início um novo impasse: David suportaria uma nova cirurgia?

— A equipe vai se reunir. Vamos conversar, discutir um pouco o caso do David, e amanhã falamos com vocês —, informou-nos um dos médicos.

Mais uma noite de guerra e de joelhos no chão. A Igreja Fonte da Vida se reuniu em peso para um tempo de oração, e passamos a madrugada clamando — de fato, ninguém conseguiria dormir com todos aqueles prognósticos sombrios.

\* \* \*

Desde que nasci, sempre tive uma vida de oração. Sou filha de pastor batista e orar fazia parte da nossa rotina diária. Meu pai, um dos batistas avivalistas, aprendeu e nos ensinou sobre intimidade com o Espírito Santo; então cresci bem familiarizada com isso. Mas sei que nem todo mundo tem uma vida de oração ou sabe como orar, então quero compartilhar com você o que Stormie Omartian escreveu em seu livro *O poder de orar*:

> Deus não se escondeu do ser humano, ocorreu o inverso. Envergonhados, temerosos e rebelados, Adão e Eva se esconderam entre as plantas. Deus, porém, foi procurá-los. Ele sabia onde os dois se achavam, mas queria que soubessem que estava disposto a buscar sua companhia. Embora tivesse conhecimento da desobediência de ambos, manteve seu compromisso com eles.
>
> De que amizade maravilhosa foram privados! Que paz perderam! Mas, antes de criticar, lembremos quão fácil e constantemente repetimos o erro deles. Tomamos decisões que nos afastam de Deus.

Experimentamos momentos maravilhosos da sua presença que gostaríamos de abrigar e guardar, no entanto, horas mais tarde, voltamos as costas para ele, tentando calar seu terno sussurro em nossa vida.

O poder na vida de oração flui da presença de Deus em nós. Esse poder não é nosso, mas dele. Não o experimentaremos ou testemunharemos se insistirmos em seguir nossos programas e esquemas. Temos que planejar com seriedade e reverência o local e o momento em que nos encontramos com Deus. Se deliberadamente não construímos a vida ao redor dessas "caminhadas no jardim" com o Senhor, o mundo rápida e inexoravelmente preencherá nossas horas com outros compromissos.[*]

Criar o hábito da oração é fundamental, mas não espere para perceber isso somente no dia mau. Comece hoje mesmo. Busque um lugar tranquilo, estabeleça um horário e procure cumprir essa agenda. O Senhor está à sua espera.

* * *

Por volta das 9 horas do dia seguinte, segunda-feira, os médicos repetiram o exame para certificar-se da situação e, assim, avaliar se o quadro havia piorado.

---

[*] ORMATIAN, Stormie. *O poder de orar.* São Paulo: Mundo Cristão, 2013.

Já comentei aqui que, ao ouvir as portas do elevador se abrindo e o barulho de passos no corredor, tinha a sensação de estar tomando, literalmente, uma injeção de adrenalina, algo que me gelava por dentro. Eu sabia que eram os médicos vindo falar conosco.

A porta do quarto se abriu e o doutor entrou já dando as notícias: "A oração de vocês é forte mesmo, viu? A mancha desapareceu!" Ele se referia à mancha no baço. O novo exame tinha apontado que o órgão estava em perfeitas condições!

Alívio. Gratidão. Obrigada, Senhor!

Se o ultrassom daquela manhã ratificasse a presença da mancha, os médicos teriam operado o David, e não sei se meu filho resistiria. Até hoje não sabemos se houve ou não uma rotura de baço. Não podemos explicar o que era aquela mancha, mas, para nós, seu desaparecimento foi mais uma intervenção sobrenatural de Deus em resposta às nossas orações.

\* \* \*

O estado de David na UTI era febre de quarenta graus que não baixava, coma induzido e respiração por aparelhos. Ele estava com sonda, e a urina que descia era bem escura. Os médicos nos explicaram que o rim de toda pessoa que sofre um acidente e tem queimaduras reage dessa maneira, como se fosse um acúmulo de proteínas. O grande perigo disso é a insuficiência renal. Também teve o episódio da tal mancha no baço e, como se não bastasse essa lista de horrores, pairava a ameaça de desenvolver SDRA.

Como relatei anteriormente, mesmo com esse quadro gravíssimo, David passou por intervenções cirúrgicas agressivas, sobretudo a raspagem de tecidos mortos das costas e do braço.

No mesmo dia em que os médicos descartaram a ruptura do baço, a equipe do Instituto Nelson Piccolo nos falou sobre a urgência de se conseguir a matriz de regeneração dérmica (conhecida pelo nome comercial Integra), uma espécie de pele artificial que ajuda na recuperação de queimaduras graves e limita a extensão das sequelas.

Nunca tínhamos ouvido falar dessa tal "pele". Tratava-se de um produto que não existia no Brasil e cuja importação não era autorizada. Iniciamos uma corrida contra o tempo para conseguir o Integra nos Estados Unidos. O médico nos deu o prazo de três, no máximo quatro dias para conseguir esse importante material.

CAPÍTULO 7

# O Senhor está comigo entre os que me ajudam

Perto está o Senhor dos que têm o coração quebrantado, e salva os de espírito oprimido. Muitas são as aflições do justo, mas o Senhor de todas o livra.

**Salmos 34.18-19, ARA**

Logo depois da primeira raspagem nas costas e no braço direito de David, um dos médicos da equipe do dr. Nelson Piccolo nos falou sobre o Integra, a tal pele artificial (ou, mais tecnicamente falando, matriz de regeneração dérmica), e sobre a importância desse insumo para a recuperação de nosso filho e para a minimização das sequelas.

Tínhamos uma janela de apenas cinco dias para resolver essa questão. Nem mesmo o próprio instituto tinha como comprar o Integra, pois, na época, a Agência Nacional de Vigilância Sanitária (Anvisa) não liberava a importação desse produto. No Brasil, somente o Instituto Nelson Piccolo e um outro médico da região Sul trabalhavam com esse material.

Entramos em contato com esse profissional do sul, mas recebemos a triste notícia de que a quantidade de Integra que ele tinha era insuficiente e daria apenas para uma das mãos de David. A única saída era comprar mesmo nos Estados Unidos, mas essa operação não seria nada simples. Se não conseguíssemos rapidamente, a equipe do instituto teria que optar por outro método terapêutico não tão eficaz.

O tratamento para recuperar danos causados por queimaduras graves é mais eficiente quando se usam as chamadas matrizes dérmicas (peles artificiais) nos enxertos, pois elas substituem a camada mais profunda da pele, a derme. A matriz dérmica é uma espécie de tecido feito basicamente de colágeno animal. Esse substituto da derme preenche, então, o tecido original perdido em graves acidentes. A reconstituição com o Integra resulta em pele mais espessa e traz maior qualidade na recuperação do tecido, além de diminuir a lesão na área doadora de pele, pois os enxertos retirados de outras partes do corpo podem ser mais finos.

Depois de nos esclarecer sobre as vantagens dessa pele artificial, o médico nos deu os contatos de onde poderíamos comprá-la nos Estados Unidos. Começamos a orar para Deus nos mostrar como agir e também a pedir que Ele abrisse portas e caminhos.

Milagrosamente, um diretor regional de uma grande rede de televisão esteve no instituto e comentamos com ele sobre essa necessidade urgente. Ficamos surpresos quando ele nos disse que conhecia uma pessoa nos Estados Unidos que trabalhava na área da saúde, ajudando no tratamento de altos executivos aqui no Brasil, e que era muito sensível. Ele mesmo ligou para essa pessoa para pedir ajuda e orientação. "Ela disse que conhece um hospital onde vocês podem comprar o Integra lá", informou quase que imediatamente.

Um dos irmãos e bispo da Igreja Fonte da Vida que mora nos Estados Unidos, na mesma região onde fica esse hospital, foi até lá e recebeu a informação de que não poderia adquirir o Integra sem uma receita de um médico americano. Recorremos novamente a esse amigo querido aqui no Brasil, que estava intermediando o contato com a pessoa nos Estados Unidos.

Em pouco tempo recebemos um retorno:

— Nossa amiga conhece uma médica americana e já explicou o caso a ela, que se sensibilizou e se propôs a ajudar prescrevendo a receita para a compra da matriz dérmica. Há alguém que possa passar na casa dessa médica agora?

— Daremos um jeito — respondeu César ao telefone.

Preciso esclarecer que, levando-se em conta a diferença de fuso horário, já se passava das 20 horas nos Estados Unidos quando recebemos o telefonema perguntando se alguém poderia passar na casa da tal médica. Mesmo assim, nosso bispo foi até lá e, quando chegou, aquele "anjo" já tinha a receita pronta!

Em questão de poucas horas, o bispo estava de volta ao hospital, em Nova Jersey, dessa vez com a receita, e conseguiu comprar a pele artificial.

Vencida essa etapa, o desafio agora era o transporte da pele, que não poderia ser feito de qualquer forma. Era necessário um transporte especial, em embalagem refrigerada, entre outros cuidados. Depois de vários contatos, falamos com um piloto de uma grande companhia aérea. Em princípio, ele disse que não poderia transportar o material.

Esperamos até as 6 horas da manhã e ligamos novamente para o amigo diretor de tevê que estava nos ajudando desde o princípio. Ele voltou a ligar para a colega nos Estados Unidos, que, por sua vez, ligou para o piloto. Mais uma vez, as portas se abriram, e o piloto aceitou trazer o Integra para o Brasil.

O próximo estágio seria achar uma maneira de entrar no Brasil com o produto. César, então ligou para um primo.

— Estamos com um problema — disse César.

— O que foi? — perguntou o primo.

— Conseguimos comprar o material necessário para o tratamento do David, mas não há como entrar no Brasil com esse insumo.

— Conheço uma pessoa que trabalha no aeroporto, que te ama demais e que te admira — avisou o primo ao César. — Vou falar com ele; talvez possa ajudar.

Passado algum tempo, esse novo amigo — mais um instrumento de Deus! — ligou para César:

— Que horas o avião chega em São Paulo?

— Em cinco horas, mais ou menos.

— Se vocês conseguirem um avião particular para levar o produto até Goiânia, eu vou para o aeroporto e ajudo no desembarque.

Precisávamos de mais um milagre. César ligou para um amigo, mas o avião dele estava em Porto Alegre. E o cronômetro correndo.

Voltamos a falar com as pessoas e a pedir ajuda. O primo de César se dispôs a falar com um grande empresário dono de aviões para quem havia trabalhado. Mal começou a contar a história para pedir ajuda, esse primo ouviu:

— Você está falando do filho do apóstolo César? Estou sabendo. Meus aviões estão à disposição para quando precisarem.

— Estou aqui porque estamos precisando mesmo.

— Vá até o aeroporto. Vou ligar para o piloto e orientá-lo a ir para lá.

Quando o avião que vinha dos Estados Unidos pousou em São Paulo, o jato particular já estava lá. Antes que os passageiros desembarcassem, a pessoa responsável retirou da cabine do piloto a embalagem refrigerada com a pele artificial, entrou no jatinho e seguiu para Goiânia.

Meu esposo sempre fez questão de reconhecer: "Nós não tínhamos poder nem influência para isso, e não temos até hoje. Foi milagre, e isso só exalta o nome do Senhor Jesus."

Só sabemos o que é um milagre quando nos vemos diante de uma situação para a qual nossos recursos naturais não valem quase nada. Milagre é a intervenção sobrenatural de Deus na situação — seja abrindo um portão de ferro como se fosse uma porta eletrônica (não foi essa experiência do apóstolo Pedro quando estava preso e condenado a morrer no dia seguinte?), seja abrindo um caminho para que nosso David recebesse o tratamento adequado, ou melhor, essencial para sua sobrevivência.

> Pedro, então, ficou detido na prisão, mas a igreja orava intensamente a Deus por ele.
>
> Na noite anterior ao dia em que Herodes iria submetê-lo a julgamento, Pedro estava dormindo entre dois soldados, preso com duas algemas, e sentinelas montavam guarda à entrada do cárcere. Repentinamente apareceu um anjo do Senhor, e uma luz brilhou na cela. Ele tocou no lado de Pedro e o acordou. "Depressa, levante-se!", disse ele. Então as algemas caíram dos punhos de Pedro.
>
> O anjo lhe disse: "Vista-se e calce as sandálias". E Pedro assim fez. Disse-lhe ainda o anjo: "Ponha a capa e siga-me". E, saindo, Pedro o seguiu, não sabendo que era real o que se fazia por meio do anjo; tudo lhe parecia uma visão. Passaram a primeira e a segunda guarda, e chegaram ao portão de ferro que dava para a cidade. Este se abriu por si mesmo para eles, e passaram. Tendo saído, caminharam ao longo de uma rua, e de repente, o anjo o deixou.

Então Pedro caiu em si e disse: "Agora sei, sem nenhuma dúvida, que o Senhor enviou o seu anjo e me libertou das mãos de Herodes e de tudo o que o povo judeu esperava". (Atos 12:5-11)

\* \* \*

Poucos dias após o pedido médico, entregamos a pele artificial à equipe do Instituto Nelson Piccolo, e eles se assustaram porque o improvável aconteceu. Foi sobrenatural mesmo, o tipo de milagre que para muitos pode parecer irreal, mas que para nós foi verdadeiro porque sabíamos da nossa incapacidade diante daquele desafio.

Em nossa casa e mesmo na igreja, usamos umas frases bem nossas e que todo mundo acaba adotando. Uma delas diz assim: "Enquanto Jesus não vem, a gente rema o barco." E falamos isso com base em Marcos 6, trecho que descreve Jesus instruindo seus discípulos a atravessar o mar da Galileia. Porém, nessa travessia, eles se deparam com dois problemas: o vento contrário e a escuridão. A Palavra diz que Jesus viu que os discípulos estavam com dificuldade para remar e, então, foi até eles para resolver a situação. Mas, enquanto Ele não chegava, eles continuaram remando o barco.

Logo em seguida, Jesus insistiu com os discípulos para que entrassem no barco e fossem adiante dele para Betsaida, enquanto ele despedia a multidão. Tendo-a despedido, subiu a um monte para orar.

Ao anoitecer, o barco estava no meio do mar, e Jesus se achava sozinho em terra. Ele viu os discípulos remando com dificuldade, porque o vento soprava contra eles. Alta madrugada, Jesus dirigiu-se a eles, andando sobre o mar; e estava já a ponto de passar por eles. Quando o viram andando sobre o mar, pensaram que fosse um fantasma. Então gritaram, pois todos o tinham visto e ficam aterrorizados.

Mas Jesus imediatamente lhes disse: "Coragem! Sou eu! Não tenham medo!" Então subiu no barco para junto deles, e o vento se acalmou; e eles ficaram atônitos [...] (Marcos 6:45-51)

O que percebo é que muitos cristãos não enxergam o mover de Deus, o sobrenatural de Deus quando os homens se movem para ajudar uns aos outros. Em nosso caso, a ajuda que recebemos não se referiu apenas a essas questões de logística e de recursos financeiros, mas muito mais à guerra espiritual. Toda a cidade de Goiânia estava orando. Até o arcebispo foi ao hospital para dizer que a Igreja Católica estava intercedendo por David. Esse tipo de mover não é natural. O que aconteceu foi um sopro divino de intercessão que atingiu não só Goiânia e nem só o Brasil, mas até mesmo pessoas de outras partes do mundo eram tocadas para orar por nosso filho.

Todos estamos sujeitos às intempéries desse mundo. E como é que passamos pelo dia mau? Apegando-nos a Deus, com a firme decisão de continuar crendo Nele, e contando com a ajuda das pessoas. "O Senhor está comigo entre os que me ajudam" (Salmos 118.7a, ARA).

CAPÍTULO 8

# Marcha à ré

Eu sou o Senhor que te sara.

Êxodo 15.26b, ARA

Como em um encaixe de um gigantesco quebra-cabeça, em uma operação nada simples, conseguimos comprar a pele artificial para dar continuidade ao tratamento de David. Um dia antes de esse material chegar ao instituto, os exames de cultura e antibiograma ficaram prontos; agora já se sabia quais bactérias estavam causando a infecção responsável por aquela febre que não baixava. Eram cepas perigosas e difíceis que requeriam a administração de cinco antibióticos diferentes. A equipe médica, mais uma vez, conversou conosco e nos advertiu que poderia haver efeitos colaterais como insuficiência renal e surdez. Mais um motivo de intercessão ininterrupta: orávamos contra os efeitos adversos de todos os medicamentos que David tomava.

Mesmo com a temperatura corporal de David em 40,5 graus, os médicos nos avisaram que fariam a cirurgia de raspagem dos braços e das costas e que colocariam a Integra em seu braço direito, costas e dorso das mãos. Por causa do quadro grave, tivemos que assinar novamente os termos de responsabilidade autorizando a intervenção cirúrgica, realizada naquele mesmo dia.

A igreja montou um plantão de oração na porta do hospital durante todo o período da cirurgia, que foi bem longo. Terminado o procedimento, fomos informados de que fora bem-sucedida e que o estado de David era estável, embora continuasse grave.

No dia seguinte, a febre começou a ceder lentamente, passando a 39 graus. Isso foi comemorado por todos nós como uma grande vitória. Foi o primeiro indício de melhora em todos aqueles dias. Mas nosso caçula continuava em coma induzido, em uma condição classificada como muito delicada.

Dois dias após a cirurgia, os médicos decidiram começar a diminuir a sedação; a intenção era que David deixasse o coma induzido. Eles nos avisaram que fariam isso de forma lenta e gradativa para avaliar a reação do organismo. Quando se retira pouco a pouco a sedação, o paciente sai do coma, voltando ao seu estado clínico base. Pode acontecer, porém, de ele não acordar ou acordar com sequelas. Não sabíamos como nosso filho acordaria; não sabíamos nem se ele de fato acordaria.

Eu me sentia muito apreensiva.

Quando estávamos juntos em família — César, Fábio, Déborah e eu — no quarto do hospital, orávamos e chorávamos juntos; às vezes, porém, só nos abraçávamos. A dor tem essa capacidade de unir as pessoas. Tenho que confessar, no entanto, que me sentia muito cansada nesses momentos. A possibilidade de David não acordar ou acordar com sequelas neurológicas me causava enorme angústia.

Certo dia recebi um bilhetinho de uma irmã preciosa, que dizia assim:

> Bispa querida, estou aqui na igreja, no santuário de oração. Somos aqui nesse momento umas cinquenta pessoas intercedendo pela vida do nosso querido David.
>
> Quero dizer a você que este lugar em momento algum fica vazio. Em todo o tempo o nome de David tem sido mencionado diante do Trono da Graça de Deus. Estamos orando por você também, bispa, para que Deus fortaleça teu físico e tuas emoções. "Pedro, então, ficou detido na prisão, mas a igreja orava intensamente a Deus por ele." (Atos 12:5)
>
> Bispa, é isso que tem acontecido aqui.
>
> Beijo pra você!

Não sei quantas vezes li e reli esse bilhete. Li chorando e agradecendo a Deus por levantar intercessores para nos sustentar, os quais dia e noite não cessaram de clamar pela vida do David. Oração nunca é demais. Não enfrente problemas sozinho. Peça que orem por você, pois há muito poder na concordância em oração.

\* \* \*

Em 20 de março de 2004, a sedação foi totalmente retirada, e os médicos deixaram bem claro que não sabiam como David voltaria ou mesmo se voltaria. Vale lembrar que ele foi colocado nesse estado de inconsciência logo após a primeira parada cardiorrespiratória. A ideia agora era que ele voltasse, mas poderia se mostrar totalmente confuso nesse retorno.

Mais oração, intercessão, clamor.

No que dependeu de nós, os médicos nunca estiveram sozinhos, porque sempre pedimos a proteção de Deus e rogamos que Ele mesmo usasse as mãos dos médicos em cada etapa dessa maratona pela vida. Para a glória do Senhor Jesus, David voltou do coma lúcido e consciente. Depois de retirar totalmente a sedação, os médicos aguardaram para ver como ele reagiria. Quando ele deu sinais de consciência, a dra. Mônica Piccolo lhe explicou o que havia acontecido e pediu que ele tentasse se manter calmo porque estava tudo sob controle.

Aparentemente, ele entendeu e passou um dia bem, em estado de consciência e semiconsciência. Contudo, um dia após a retirada total da sedação, tentaram oferecer-lhe uma bebida isotônica via oral, mas ele engasgou, tossiu e sangrou pela traqueostomia. Sempre que tentavam introduzir alimentação líquida, David engasgava e tossia; havia, então, o risco de broncoaspiração.

Esses engasgos, juntamente com o sangramento na traqueostomia, levaram os médicos, a decidir pelo "desmame" do respirador, em 22 de março. Contudo, infelizmente, nesse momento David teve um novo broncoespasmo e uma nova parada cardiorrespiratória.

A dra. Mônica entrou no quarto onde estávamos e disparou:

— O David me deu muito trabalho agora. Quase que a gente não consegue trazê-lo de volta. Ele sofreu um broncoespasmo e quase o perdemos novamente.

Até hoje não sabemos ao certo o que aconteceu, se ele aspirou algo, se o problema tinha a ver com o fato e ele ser asmático ou se decorreu de uma fístula traqueoesofágica descoberta posteriormente.

Ficamos inertes, sem acreditar que, mais uma vez, por pouco não havíamos perdido nosso filho, justamente agora que parecia haver sinais de melhora. Não consigo descrever o que se sente em uma experiência dessas. Todo dia tínhamos uma surpresa, o que nos causava uma verdadeira montanha-russa emocional. Todo dia havia um temor a ser superado e precisávamos de um suprimento novo e diferente. Mas Deus estava lá.

Ron Mehl, autor do *best-seller Deus trabalha no turno da noite*, escreveu:

Um dos fatos significativos sobre a provisão do maná do Senhor para os israelitas no deserto foi que ele a enviou para um dia de cada vez. Ele forneceu maná suficiente para cada dia. Não para a semana. Não para acumular para um mês ou um ano. Apenas um dia. De fato, ele embutiu uma condição de dependência de si mesmo, fazendo a provisão de maná estragar-se a cada noite. [...]

A ajuda de Deus é diária. Penso que uma das razões de os israelitas começarem a murmurar e a se queixar tanto foi que cada noite tinham de ir para a cama esperando, orando e confiando em que Deus lhes enviaria comida, água e ajuda na manhã seguinte. Desde que não podiam guardar o maná, tinham de confiar a cada dia que Deus cuidaria deles. Estavam sempre em uma posição de dependência, e isso contraria o orgulho humano, não é?

Nosso Senhor deve ter tido esta ideia quando ensinou Seu povo a orar. "O pão nosso de cada dia dai-nos hoje". Não parece uma frase difícil de interpretar, não é mesmo? Mas os tradutores bíblicos lutaram com essa frase durante anos. A palavra "cada dia, diariamente" é usada, ao que parece, só uma vez no Novo Testamento. Na superfície, ela certamente sugere "suficiente para o dia", mas os eruditos continuam discutindo a esse respeito.

Há anos [...], um arqueólogo descobriu [...] um pedaço de papiro antigo contendo a lista de compras de uma mulher. Nessa lista, escrita em grego, estavam os alimentos que ela precisava do mercado. Depois de cada item perecível, que se estragaria se mantido de um dia para o outro, ela escreveu: "o suficiente para um dia". Era a mesma palavra usada no Novo Testamento que os intérpretes tinham tido dificuldade em traduzir. [...]

Por que sentimos que estamos fora da ajuda e da provisão do Senhor em certas ocasiões? Por que achamos que não temos força, energia emocional, sabedoria, ou coragem suficiente para enfrentar o dia à nossa frente? Por que nos sentimos com as mãos vazias e entramos em pânico? Talvez por estarmos querendo cobrir o ontem e o amanhã com a provisão de hoje.

Ele providencia exatamente o que precisamos e quando precisamos.*

\* \* \*

Dois dias após ser sedado novamente, David acordou e recomeçou o desmame do respirador. Ele chegava a passar duas horas por dia fora do respirador sem que a oxigenação no sangue baixasse, o que era muito bom. Para nós, era de

---
* MEHL, Ron. *Deus trabalha no turno da noite*. [S.l.]: Quadrangular, c1995.

fato mais uma grande vitória. Cada melhora, cada indício de recuperação era comemorado com muita alegria. Infelizmente, nosso filho continuava engasgando quando ingeria qualquer coisa. Isso preocupava os médicos e a nós também.

Nesse período, permitiram-me estar com ele na UTI por duas horas pela manhã e por duas horas à tarde.

Não é minha intenção ser dramática, mas creio que mães que já passaram ou estão passando pela terrível situação de ter um filho em estado grave em uma UTI precisam deste testemunho. Deus me deu forças naquela provação. Do quarto onde estávamos até a UTI, passávamos por um longo corredor, pegávamos um elevador, descíamos dois andares, além de um labirinto de corredores. Eu saía do quarto e pensava: "Não tenho forças para ir até lá. Não consigo ver meu filho naquele sofrimento." Mas aí eu ouvia em meu interior: "Tudo posso em Cristo Jesus que me fortalece." Então, começava a orar: "Senhor Jesus, preciso da Tua força agora. Jesus querido, preciso passar força para o David, só que não tenho essa força; ajude-me agora! Espírito Santo, ajude-me agora! E Ele vinha. Eu conseguia entrar e ajudar meu filho. Aquele era meu "maná" de cada dia.

\* \* \*

Já quase no final de março, recebemos a boa notícia de que, pela primeira vez, colocariam o David em pé na UTI. Isso demonstrava uma grande evolução. Pediram que providenciássemos chinelos de borracha. Providenciamos os chinelos com muita alegria e ficamos, César e eu, na porta da UTI, pedindo a Deus que nosso filho conseguisse mais essa vitória. E David conseguiu: caminhou cinco passos a partir do leito e mais cinco passos de volta para a cama. Pode parecer algo banal, mas só entenderá a grande alegria que essa vitória nos trouxe quem já presenciou um filho querido lutando para sobreviver em uma UTI.

As caminhadas precisavam continuar e se intensificar para que David se fortalecesse. Fomos chamados para estimulá-lo a andar, todos os dias cada um de nós o segurava de um lado, incentivando-o enquanto ele, com muita fraqueza nas pernas, tentava dar alguns passos. David, que sempre foi magrinho, tinha perdido ainda mais peso, estava enfraquecido e só conseguia mudar os passos com muito esforço, ainda assim suas pernas tremiam. Apesar disso, aqueles momentos nos causavam imensa alegria.

No dia 29 de março, finalmente David saiu da UTI para uma unidade semi-intensiva. Embora esse novo leito nada mais fosse que um quarto ao lado da UTI, com todo o aparato de que David precisava, essa mudança teve um efeito positivo tão grande na vida dele e de toda a nossa família, que mais uma vez celebramos essa vitória.

Quando David foi transferido, sentado em uma cadeira de rodas, as enfermeiras e os médicos que estavam na UTI fizeram um corredor e o aplaudiram: "Aí, campeão! Você vai conseguir! Muito bem, David!". Eu o acompanhei nesse trajeto e foi impossível impedir que as lágrimas escorressem, de tanta emoção e gratidão. César, que nos esperava no quarto, também estava muito emocionado. Se nosso filho não estivesse todo enfaixado, nós o teríamos enchido de abraços e beijos sem medida.

Aliás, essa era uma das angústias que eu sentia. Tinha vontade de abraçar, beijar, acalentar meu filho, mas estava tudo tão ferido, tão queimado, que sequer podíamos tocá-lo.

Foram 18 dias de UTI, oito dos quais em estado de coma.

\* \* \*

Somente depois de se fortalecer um pouco mais nessa unidade semi-intensiva, David poderia ser submetido à cirurgia de enxertos de pele. A rotina de curativos, fisioterapias, aspiração da traqueia, remédios, soro, plasma, exames, etc. era intensa e muito cansativa para ele, que se mostrava bastante fragilizado. Enquanto um profissional saía do quarto outro entrava, essa era a rotina diária. Cheguei a pedir aos médicos que houvesse pelo menos uma pausa no dia, para que David descansasse um pouco. Graças a Deus, concordaram comigo e passaram a fazer intervalos maiores entre um procedimento e outro.

Quando se aproximava o horário dos curativos, David se inquietava muito, às vezes até chorava e pedia oração. As dores que uma pessoa queimada sente durante as trocas de curativos são imensas. Existe um limite de analgesia que o organismo pode tolerar, e David já usava remédios para dor nesse limite; não era possível aumentar a dose.

Ele pedia que colocássemos louvores que lhe dessem ousadia e coragem para enfrentar mais uma sessão de curativos. Não foram poucas as vezes em que médicos e enfermeiros trabalharam nas costas e nos braços do David ao som de Ludmila Ferber. Ao final, nossos louvores ficaram muito conhecidos por toda a equipe médica.

A cirurgia para enxerto de pele foi marcada para o dia 4 de abril, um domingo.

Enquanto David era preparado para mais essa intervenção, explicaram a ele e a nós todos os passos do procedimento. Parte da pele da área não queimada seria retirada e colocada em regiões nas quais a pele não consegue se regenerar sozinha.

Na noite do dia 3 para o dia 4 de abril, não dormi nem cinco minutos sequer. Desde que David foi para a unidade semi-intensiva, fiquei com ele direto, sem sair do instituto. O risco de que o paciente grande queimado sofra uma infecção é tão significativo que me pediram que não ficasse entrando e saindo do local. Só meu esposo saía e retornava. As visitas continuavam sendo proibidas. Somente Déborah e Fábio tinham permissão para visitar o irmão de vez em quando.

Orei e chorei praticamente aquela noite inteira, porém em silêncio, para que David não percebesse. Pedi a misericórdia divina sobre ele, e que as mãos dos médicos fossem dirigidas pelas mãos do Senhor.

* * *

O implante do Integra já havia sido realizado com sucesso anteriormente. Como expliquei, o Integra funciona como uma matriz para a camada mais profunda da pele, chamada derme. Mas a epiderme, a camada mais superficial, também precisaria ser enxertada.

Por volta das 8 horas da manhã do dia 4 de abril, levaram o David para a sala de cirurgia. Não esqueço daquela cena. Eu estava muito apreensiva com todo o procedimento, pois sabia que não seria fácil.

Não lembro quantas horas se passaram. Não foi pouco tempo, não. O processo era delicado e meticuloso. Mais uma vez ficamos o tempo todo em oração. Familiares e irmãos também oravam continuamente na igreja. Quando trouxeram o David de volta, ele estava todo enfaixado. Ficamos do lado de fora da semi-intensiva enquanto ele era colocado no leito. Ouvi, então, apavorada, o médico insistindo com nosso filho: "Respira, David! Respira David!"

Na terceira vez em que o médico falou, César abriu a porta daquele cômodo e gritou bem alto: "Respira, David, em nome de Jesus!", então a respiração de David foi se normalizando.

A equipe médica relatou ter aproveitado o momento da cirurgia para pedir que um cirurgião de pescoço e garganta avaliasse porque David tossia até sangrar pela traqueostomia toda vez que ingeria alguma coisa.

Esse cirurgião descobriu que David tinha uma fístula traqueoesofágica, fruto da incisão malsucedida na traqueia ou ainda da fragilidade do tecido local, que sofreu queimaduras com a inalação do ar quente. Fístula traqueoesofágica é a comunicação anormal entre a traqueia e o esôfago, condição que provoca a entrada de alimentos e líquidos do esôfago para a traqueia e desta para os brônquios e pulmões, provocando afogamento durante a ingestão de líquidos ou alimentos.

Os médicos afirmaram que poderia haver uma cicatrização espontânea dessa fístula, ainda que levasse um certo tempo. Para tanto, suspenderam toda a alimentação por via oral. David não poderia mais ingerir nem água. A alimentação agora seria por sonda nasogástrica.

Ouvir mais essa notícia foi muito penoso para David, que já estava cansado e desgastado com tanta dor e sofrimento. O diagnóstico o entristeceu bastante naquele momento da recuperação. (Você pode imaginar como é não poder nem beber água?)

Tínhamos essa nova batalha pela frente e não podíamos ceder ou fraquejar, senão seríamos tomados pelo desgaste, pela desilusão e pela depressão.

Mais uma vez, a Palavra de Deus foi nosso porto seguro, nosso alento, nosso alimento, nossa força. Orávamos a Palavra porque não sabíamos mais como orar nem o que orar, pois gastamos todo o nosso repertório de súplicas e clamores. Declarar e orar a Palavra de Deus era o melhor que podíamos fazer. Às vezes, as evidências são tantas e tão poderosas para nos desanimar que só a Palavra de Deus pode nos colocar na perspectiva correta.

*  *  *

Deixo aqui algumas sugestões de versículos para você orar a Palavra ao buscar por cura:

> Certamente ele tomou sobre si as nossas enfermidades e sobre si levou as nossas doenças, contudo nós o consideramos castigado por Deus, por ele atingido e afligido. Mas ele foi transpassado por causa das nossas transgressões, foi esmagado por causa de nossas iniquidades; o castigo que nos trouxe paz estava sobre ele, e pelas suas feridas fomos curados. (Isaías 53:4-5)

> Meu filho, escute o que lhe digo; preste atenção às minhas palavras. Nunca as perca de vista; guarde-as no fundo do coração, pois são vida para quem as encontra e saúde para todo o seu ser. (Provérbios 4:20-22)

> Bendiga ao SENHOR a minha alma! Bendiga ao SENHOR todo o meu ser! Bendiga ao SENHOR a minha alma! Não esqueça de nenhuma de suas bênçãos! É

ele que perdoa todos os seus pecados e cura todas as suas doenças, que resgata a sua vida da sepultura e o coroa de bondade e compaixão, que enche de bens a sua existência, de modo que a sua juventude se renova como a águia. (Salmos 103:1-5)

Cura-me, Senhor, e serei curado; salva-me, e serei salvo; pois tu és aquele a quem eu louvo. (Jeremias 17.14)

CAPÍTULO 9

# De volta para casa

Que diremos, pois, diante dessas coisas? Se Deus é por nós, quem será contra nós?

**Romanos 8.31**

"É isso, pai? Deus deu, Deus tirou?" Em uma de suas explosões, David fez o seguinte questionamento, citando Jó. Embora nunca tenha se afastado de Deus e nem abandonado sua fé, era inevitável que ele se perguntasse por que aquela tragédia acontecera com ele.

Apesar da tristeza e das interrogações que pairavam em sua mente e na de todos nós, David nunca se revoltou contra Deus. Vi dor, muita dor em seus olhos e semblante, mas nunca vi revolta. Vi muitas lágrimas rolarem por seu rosto, mas nunca as reprimi. E nem poderia. De uma hora para outra, sem qualquer boa explicação, tudo mudou por causa de uma explosão. Um buraco no asfalto e um erro de projeto do carro — processamos o fabricante e ganhamos, mas ele recorreu — foi o mais próximo que chegamos dos responsáveis naturais por um acidente que quase tirou a vida de nosso filho caçula.

Sua rotina e seus sonhos foram brutalmente interrompidos. Um jovem de 19 anos, para mim ainda um adolescente, passar por tudo o que ele passou poderia ser a causa de um comprometimento emocional sério; mas, como resumiu nosso querido pastor Jack Schisler, pai espiritual do apóstolo César Augusto: "David entrou menino nessa fornalha e saiu um homem." Os dois anos de tratamento para minimizar as sequelas foram difíceis, tanto do ponto de vista físico quanto do emocional, mas Deus nos deu graça e sabedoria naquele momento para acolher a dor e os questionamentos do nosso filho, que eram muitos e legítimos. Isso foi fundamental para sua cura emocional, uma vez que sua alma estava tão ferida quanto seu corpo. Se David não tivesse se sentido acolhido na sua dor emocional, não sei se conseguiria superar o trauma.

A rotina de curativos, exames e sessões de fisioterapia se mantinha intensa. David se submetia a ela obedientemente, como já comentamos, muitas vezes chorando e pedindo que orássemos para que tivesse coragem, pois a dor era muito grande. Contudo, ele nunca se negou a fazer nenhum procedimento. Passava por tudo sem poder gritar sua dor ou sequer falar audivelmente, pois, além da traqueostomia, havia outra cânula por onde o alimento ia do nariz até o estômago e acessos para medicamento em veias dos dois braços. Como suportar tudo isso estando consciente? Posso garantir que não foi fácil.

Nossa igreja continuava com o plantão de oração, tanto na porta do hospital como no santuário.

No dia 6 de abril, os médicos decidiram desinflar o pequeno balão de ar que fica na cânula da traqueostomia e impede, entre outras coisas, que o paciente respire pelo nariz ou pela boca; sfazendo com que a pessoa respire pela abertura na traqueia. Finalmente, David podia respirar pelo nariz e pela boca de novo. "Glória ao Senhor Jesus Cristo!", bradamos. Senti essa evolução como o real início da completa recuperação. David me fitava com esperança no olhar. Fazia muito tempo que eu não via aquele brilho nos olhos dele.

Após 38 dias de internação desde o acidente, David Augusto recebeu alta para continuar o tratamento em casa. Era 17 de abril de 2004, um dia muito especial para nós. Todavia, nem de perto significava o fim do tratamento. Ao contrário, era o começo de uma nova e longa fase.

Os médicos acompanharam David até a saída do hospital. Ele saiu na cadeira de rodas, pois ainda não conseguia percorrer longas distâncias. Alimentava-se por sonda nasogástrica e, embora ele respirasse pelo nariz, a traqueostomia foi mantida aberta. Estava todo enfaixado e teria que retornar ao hospital uma vez ao dia para fazer curativos; a segunda sessão diária de curativos seria feita em casa mesmo.

Mesmo assim, aquele foi um dos dias mais felizes para a nossa família. David era a prova viva de que milagres acontecem, e sua recuperação não só serviu para glorificar a Deus, mas também para falar aos corações daqueles que não conheciam a Cristo.

Durante todo o tempo em que estivemos ali naquele hospital, ouvimos muitos médicos dizerem que nossa oração era forte e que ela estava mostrando resultados. Ao final daquela etapa do tratamento, um médico cético, que não professava fé alguma, admitiu:

— Se alguém duvida do que a fé pode fazer, é só olhar para esse rapaz.

O pior tinha passado. Levar David para casa naquele momento me fez lembrar do dia em que recebemos alta da maternidade e voltamos para casa com ele em meus braços.

A gestação do meu caçula foi muito tranquila. Ele nasceu de cesariana; um menino grande, muito bonito e sempre foi o mais tranquilo. Lá em casa, é uma escadinha: Déborah, Fábio e David. Aos 25 anos, eu já tinha os três; cada um diferente do outro, de uma forma especial.

Déborah, a nossa primogênita, sempre foi a mais racional; hoje ela é advogada. Ela me fazia perguntas muito engraçadas, como: "Mamãe, como eu faço para Jesus entrar no meu coração? Eu abro a boca bem grande pra ele entrar?".

Fábio é muito sensível às coisas de Deus. Com apenas cinco anos, em um culto doméstico, uma das rotinas sagradas em nossa casa, ele teve uma experiência linda. Começou a orar e dizer: "Jesus, eu te amo! Jesus, eu te amo! Jesus, eu te amo!...". Repetia sem parar e começou a chorar, então todos choramos com ele. Depois quase rimos quando ele disse ainda mais alto: "E não consigo parar de falar que eu te amo, Jesus!".

David foi diferente. Tranquilo, compenetrado, focado. Com 8 anos, ele dizia que não queria que Jesus voltasse, e não entendíamos a razão disso. Contudo, durante um culto com o pastor Jack Schisler, em que a pregação falava justamente sobre a volta do Senhor Jesus, aconteceu algo maravilhoso. No final da mensagem, o pastor colocou a igreja de joelhos para orar e ele, pequenininho, sentado ao meu lado, ficou 15 minutos orando sem parar. Quando deixamos o templo, ele disse: "Mãe, agora Jesus já pode voltar". Nosso David tivera sua experiência com Jesus.

\* \* \*

Quando, enfim, voltamos para casa, o quarto de David se transformou em leito de semi-UTI. Foi necessário contar com a ajuda de duas enfermeiras: uma nos acompanhava durante o dia; outra, à noite. Mesmo assim, ir para casa foi realmente bom para ele e para nós.

Ao encontrar a família esperando por ele, David respirou fundo e disse: "Quem disse que eu não voltaria?" Então, bem devagar, empurrando o aparelho de alimentação, ele quis ir a todos os cômodos da casa. Foi o início de uma importante cura emocional.

Essa foi, sem dúvida, a melhor tarde e melhor noite que passamos em 38 dias. Ainda não era tempo de descanso, mas já tinha gosto de vitória.

\* \* \*

A rotina em casa era muito intensa: enfermeiras que se revezavam em turnos, fisioterapeutas e fonoaudiólogos se alternando, além de profissionais do Instituto Nelson Piccolo que vinham para limpar e aspirar a traqueostomia. Era gente entrando e saindo o tempo todo, muito fora da realidade do nosso dia a dia. Por isso, tivemos que nos adaptar.

David saiu do hospital com prescrição de fisioterapia constante, especialmente porque o primeiro prognóstico era de que ele não conseguiria mais estender o braço direito e não recuperaria a voz, entre outras más notícias. As sessões de fisioterapia eram importantíssimas para que ele não tivesse restrições de movimento. David havia queimado as juntas dos braços, então, além de não esticá-los, poderia perder os movimentos dos pulsos. Independentemente de causar dor ou não, os exercícios de fisioterapia tinham que ser feitos e David os enfrentou com muita coragem, sempre ouvindo louvores.

Quando David foi para casa, o enxerto de pele já se revelara bem-sucedido, cobrindo as costas e os braços. Entretanto, o pescoço ainda estava em carne viva, sendo necessário a troca dos curativos diariamente. Além disso, David recebia medicamentos, como antibióticos e uma pomada para evitar a infestação de micro-organismos nas feridas.

O grande queimado, quando já não corre mais riscos e recebe alta, precisa usar uma malha compressiva para controlar o crescimento das cicatrizes, como também já comentamos. A malha ajuda a estabilizar e amaciar a pele, desde que seja usada durante pelo menos um ano, 24 horas por dia. Muitas vezes, quando as cicatrizes estão nas juntas, é impossível movimentar-se como antes, pois a pele perde a elasticidade. Então, há a necessidade de readaptação. Se há lesão no rosto, o paciente precisa reaprender a fazer os movimentos faciais, como a mastigação.

De meados de abril até julho, vivemos a parte mais pesada dessa nova rotina. Nesse meio tempo, graças a Deus, a fístula que impedia que David se alimentasse por via oral fechou, e ele pode, finalmente, beber água, que ele tanto queria, e voltar a comer.

*  *  *

Resolvida a fístula e fechada a abertura na traqueia, David agora tinha um novo desafio: natação. Os médicos explicaram que a água ajuda a amolecer os cordões cicatriciais e a restabelecer a normalidade nos movimentos, por isso a natação era importantíssima.

Mais uma vez, a igreja nos socorreu e um querido irmão, de forma desprendida, nos cedeu sua casa, que estava para alugar em um condomínio. "Vou tirar a casa da imobiliária, cuidar da piscina e o David faz a natação ali", ofereceu. Nós íamos todos os dias; com chuva ou sol, estávamos na água. Parece bom e divertido, mas não era assim que David via a situação, principalmente pelas dores, pela obrigatoriedade de ir todos os dias e ainda em condição de fragilidade. Íamos depois das 18 horas porque ele não podia tomar sol.

Foram mais ou menos 6 meses de natação diária. David sempre gostou de esporte, mas, naquele período difícil, nadar por uma hora era penoso. Todavia, os médicos não abriam mão e repetiam: "O David tem que nadar. A água e os movimentos ajudam muito."

A professora de natação já chegava brincando e incentivando: "Vamos lá, David Phelps!". Aliás, essa irmã foi outra bênção da Igreja Fonte da Vida. Ela era professora de educação física, mas fez um curso rápido no hospital de queimaduras para ajudar o David. Muitas vezes, nós também tivemos que entrar na água para incentivá-lo, pois ele não aguentava mais. Todo o ano de 2004 foi essa batalha.

Nos dois anos de tratamento que se seguiram, 2004 e 2005, David manteve a natação e teve que usar a roupa compressiva, incluindo uma máscara que lhe cobria toda a cabeça. Para se ter uma ideia da importância dessa roupa na recuperação, ele a vestiu no dia do casamento do irmão. David tinha muita esperança de que estaria recuperado na data do casamento, mas, infelizmente, não foi o que aconteceu.

* * *

Durante todo esse tempo — não nos cansamos de frisar — sempre recebemos muita ajuda de nossos irmãos

▲ Casamento dos bispos David e Brenda, em junho de 2008, quatro anos após o acidente.

em Cristo, e o auxílio de todos da Igreja Fonte da Vida foi fundamental. Quando David pôde, finalmente, começar a receber visitas, só ficava sozinho se quisesse, pois os rapazes do seu grupo de discipulado demonstraram ser uma rede de apoio muito grande e importante no processo de recuperação.

Também foi essencial que ele começasse a trabalhar; fez muito bem para ele. Decidiu atuar na área editorial, após a difícil decisão de que não retornaria à faculdade de medicina, mas permaneceu firme com a ideia de que gostaria de estudar fora do Brasil. E isso foi uma verdadeira bênção de Deus. Foi uma luz e uma inspiração divina, pois foi nos EUA que, anos mais tarde, ele encontrou seu caminho profissional e sua futura esposa.

CAPÍTULO 10

# Palavras que curam

Em lugar da vossa vergonha, tereis dupla honra; em lugar da afronta, exultareis na vossa herança; por isso, na vossa terra possuireis o dobro e tereis perpétua alegria.

**Isaías 61.7, ARA**

Certo dia, durante o período em que David seguia com o tratamento em casa, Déborah, nossa filha mais velha, chegou e desabafou:

— Mãe, não aguento mais esse ambiente de velório em casa. Parece que o David morreu, mas ele está vivo, mãe. Ele não morreu, e eu não aguento mais esse ambiente de velório aqui!

Déborah tinha razão. Na verdade, por causa da sensibilidade da pele de David à luz, deixávamos a casa no escuro. Mas não era só isso. Na verdade, ainda estávamos abalados com tudo o que havia acontecido e com o que ainda estava acontecendo na vida do nosso filho. Talvez não tenha ficado claro, mas o fogo destruiu muita coisa da nossa própria estrutura emocional. Além de David

Augusto ter saído do hospital ainda muito ferido, muitas coisas estavam suspensas. Não sabíamos como continuar, tínhamos dificuldade de pensar no futuro, e o presente era doloroso demais.

Nessa época, David se trancava no quarto para orar e chorava muito, chorava alto. Eu tinha a impressão de que o prédio inteiro ouvia aquelas orações regadas a lágrimas. Quem estivesse em casa também chorava ao testemunhar todo seu sofrimento. Não era um choro de revolta ou a esmo, era um choro na presença de Deus, em oração, momentos de intimidade com o Pai que fizeram grande diferença e foram importantíssimos para cura de sua alma.

Tudo o que vivemos desde o dia do acidente, a pressão e a ameaça de morte constantes, os dias infindáveis em hospitais e UTIs, as noites em claro e o medo de perder um filho, deixaram marcas. Com o tempo perderiam a força, mas, naqueles primeiros meses, nos deixaram extremamente sensíveis. O barulho do alerta sonoro do elevador do hospital não saía de nossa a cabeça, e algumas cenas permaneceram muito vívidas, como quando recebemos a notícia da primeira parada cardiorrespiratória e do coma de David.

A pior cena da minha vida foi quando entrei na UTI e vi meu filho em um quadro de angústia respiratória tão grande que o meu desejo era tirar meu pulmão e dar para ele. O misto de emoções era tão grande que saí dali com raiva de mim mesma por poder respirar e meu filho não.

Segurei as pontas de todas as formas para cuidar do David e de toda a família, mas eu estava esgotada física e emocionalmente. Então, não por acaso, no dia em que David saiu para trabalhar pela primeira vez depois do acidente, com a roupa compressiva por baixo de uma outra roupa branca e de máscara, eu afundei. Nesse dia, quando meu cérebro entendeu que o perigo de morte havia passado definitivamente, fui para meu quarto e chorei a tarde toda. E assim fiz por alguns dias. Ele saía de casa para o trabalho, e eu ia para o quarto chorar e ler a Bíblia.

Nesse momento difícil, Deus me levantou por meio dos Salmos e de louvores, especialmente os da Ludmila Ferber, porque as músicas dela são para o soldado ferido.

Apesar de termos vivido inúmeros milagres e de, em muitas ocasiões, termos percebido a presença de Deus até sobrenaturalmente, eu sentia uma tristeza profunda. Estava esgotada física e emocionalmente, e me sentia muito fragilizada. A figura que mais se assemelha ao que eu sentia naquela etapa é a de uma árvore que passou por um tremendo vendaval e temporal: ela não caiu porque sua raiz é forte e está bem firmada na terra, mas o vento levou folhas, galhos, frutos... Eu me sentia assim. Precisei de tempo para chorar no colo do Senhor Jesus, precisei da graça de Deus para ressignificar toda aquela tragédia pela qual passamos. Queria aprender de novo, pois cheguei à conclusão de que muitos dos meus conceitos sobre vida cristã estavam equivocados; foi por isso que decidi começar uma nova leitura da Bíblia, do Gênesis ao Apocalipse, mas dessa vez tentando deixar de lado tudo o que eu sabia — ou que pensava que sabia. Cada membro da nossa família passou por um processo parecido, pois o acidente afetou a todos nós.

Certamente, existem histórias mais trágicas do que a que vivemos, mas faço questão de contar as dificuldades pelas quais passei como mãe, mulher e serva de Deus. Isso porque cada um de nós tem suas fragilidades e, talvez, nosso maior erro seja achar que devemos ser extraordinários. Deus nunca esperou que eu fosse uma supermulher nem supermãe, mas colocou um enorme suprimento de graça e compaixão à minha disposição — eu só precisava entregar todo aquele fardo a Ele.

Lembro de um acontecimento que deixou claro meu estado de espírito. Conheço um casal de pastores do interior de Goiás que perdeu um filho de maneira trágica. Esse casal estava no supermercado; eles me viram e vieram falar comigo.

— Bispa, tudo bem? Como vocês estão? Como está o David?

— O tratamento é muito difícil. — Foi a resposta que dei, certamente com aparência abatida.

— Não fique triste pelo tratamento; alegre-se porque seu filho está vivo e está com vocês — o homem respondeu.

Quando me dei conta de quem falava comigo e me lembrei da história daquele casal, foi como se o Espírito Santo enviasse uma luz para chamar minha atenção. Nosso filho estava vivo. Deus nos deu a vida de David, e não temos como mensurar essa graça. Talvez um pai ou uma mãe que perdeu um filho saiba disso bem mais do que nós.

Além desse e de outros episódios que foram me animando, eu também contava com a Palavra de Deus, que era meu principal alimento. Então, quando voltei a pregar pela primeira vez após o acidente, eu também não era mais a mesma. Eu tinha autoridade para falar sobre dor e sofrimento, entendia melhor a dor das pessoas e aprendi o que é resiliência. Eu também havia sido forjada no calor da batalha, ou melhor, da fornalha.

* * *

Por quase um ano, como expliquei no início do capítulo, David usou uma máscara compressiva para ajudar nas cicatrizações e outra máscara branca por cima, para evitar o contato com a luz. Com a pele sensível e em reconstrução, ele não deveria ser exposto à luz solar nem mesmo à artificial. Com tantas precauções e com essas máscaras que teve de usar por muito tempo, passou a recear expor a pele. Ele também evitava aparecer em público, pois tinha medo da reação das pessoas, uma espécie de trauma. Ele já estava tão bonito quanto é hoje, mas a máscara se tornara uma espécie de defesa, uma proteção.

No final de 2005, quase dois anos depois do acidente, estávamos no aeroporto de Congonhas, onde pegaríamos uma *van* que nos levaria para o aeroporto internacional de Guarulhos. De lá, embarcaríamos para os Estados Unidos. David estava conosco. E de máscara.

Como sempre, os passageiros corriam de um lado para

outro, naquela agitação típica de um aeroporto concorrido. Alguns olhavam curiosos para aquele jovem de máscara branca com apenas duas aberturas para os olhos e que caminhava entre os pais. Imagino que se perguntavam: "Quem será?"

Enquanto esperávamos no saguão do piso térreo, David e o pai foram ao banheiro. Ele entrou, tirou a máscara, lavou o rosto e penteou o cabelo já comprido. César, observando, disse baixinho:

— David, joga isso fora!

David não se convenceu.

— Joga isso fora — repetiu César. Nosso filho não precisava mais usar aquela máscara; a prescrição médica já havia terminado.

A palavra do pai sempre pesou na vida dos meninos — a voz paterna pesa na vida de qualquer filho, seja para o bem, seja para o mal. Em nosso caso e, especialmente, na trajetória que descrevi aqui, acredito que, desde o dia do acidente, a voz de César como pai, dando direção e segurança em momentos cruciais, fizeram grande diferença, especialmente no mundo espiritual. A voz do sacerdote, a voz do pai guiou o David nas grandes encruzilhadas e diante dos perigos do caminho.

— Não! O projeto de Deus não acabou na sua vida, não, meu filho. — Esse foi o primeiro som e a voz profética que David ouviu do pai ainda no local do acidente, quando estava entrando na ambulância.

— Respira, David, em nome de Jesus! — bradou César em um dos instantes mais críticos, ainda na UTI, quando David apresentava grande fragilidade pulmonar.

E ali naquele banheiro de aeroporto mais uma vez o pai, lhe deu uma orientação simples, mas que o ajudaria a dar um passo firme para enxergar um futuro, para se ver como Deus o via.

Então David obedeceu. Jogou a máscara no lixo e saiu do banheiro. Pareceu um pouco ressabiado no começo, mas logo relaxou. Ninguém olhou, ninguém reparou. Rapidamente, ele se misturou à multidão. Era um jovem como os outros, embora ainda se estranhasse um pouco, o que era compreensível, afinal, havia bem pouco tempo que tinha vivido uma grande reviravolta em sua jovem e feliz trajetória de vida.

Aquele dia foi extremamente significativo para todos nós. David deixava Goiânia, deixava o Brasil, já havia deixado a faculdade de medicina, deixava para trás a máscara e começava a deixar no passado todas as dores, medos e traumas físicos e psicológicos pelos quais passou. Ainda carregava algumas cicatrizes, mas elas serviram (e servem ainda hoje) de testemunhas do amor e da fidelidade de Deus, testemunhas de um tempo de forja e de amadurecimento que o Senhor permitiu que ele vivesse. Em vez de odiá-las, decidiu assumi-las como marcas de uma experiência que mudou sua vida para sempre.

Como fez o apóstolo Paulo, nosso David pode afirmar:

"Ninguém me perturbe, pois trago em meu corpo as marcas de Jesus" (Gálatas 6:17).

Lembro como se fosse ontem. Quando pegamos o avião em Goiânia com destino à São Paulo, e depois para os Estados Unidos, a lua estava maravilhosa. David, olhando pela janelinha do avião, vendo ao longe as luzes da cidade, virou-se para mim e disse:

— Mãe, rumo à cura completa.

# Epílogo

Todos nós temos cicatrizes — algumas visíveis, outras nem tanto — provocadas por tragédias, enfermidades, perdas, traições, rejeições, abusos, abandono... Elas podem até doer de vez em quando, mas não podem nos parar nem nos afastar do amor de Deus, que, sim, às vezes, permite que coisas incompreensíveis aconteçam, pois Seus objetivos são eternos e não momentâneos ou terrenos. Então, não tente medir o amor de Deus com base em seus sucessos e fracassos. Não funciona assim. Deixe-me dizer o que funciona no dia mau: alimentar-se da Palavra de Deus, contar com a intercessão da igreja, aceitar o cuidado das pessoas que amam você e crer de todo o coração que Aquele que prometeu é fiel para cumprir a promessa.

O pastor Jack Schisler sempre foi um verdadeiro pai espiritual para César e para mim. Nossos filhos também o consideravam assim. Na ocasião do acidente, ele já estava bem idoso e residia nos Estados Unidos; porém, apoiou-nos constantemente em oração. Jack nos telefonava quase todos os dias e, certa vez, nos trouxe uma palavra que me sustentou por todo aquele período:

> A sua carne, que se via, agora desaparece, e os seus ossos, que não se viam, agora se descobrem. A sua alma se vai chegando à cova, e a sua vida, aos portadores da morte. Se com ele houver um anjo intercessor, um dos milhares, para declarar ao homem o que lhe convém, então, Deus terá misericórdia dele e dirá ao anjo: Redime-o, para que não desça à cova; achei resgate. Sua carne se robustecerá com o vigor da sua infância, e ele tornará aos dias da sua juventude. Deveras orará a Deus, que lhe será propício; ele, com júbilo, verá a face de Deus, e este lhe restituirá a sua justiça. (Jó 33:21-26, ARA)

▲ Apóstolo César, bispa Rúbia, pastor Jack Schisler e sua esposa Ann, e David Augusto – após os dois anos de tratamento como 'grande queimado', já nos EUA.

## EPÍLOGO

A partir daí, entendi que o que levantaria o David seria a intercessão. Apeguei-me a essa palavra crendo que ele se robusteceria com vigor semelhante ao de sua infância e tornaria à alegria da juventude. Essa era a minha oração constante por David, uma declaração profética.

Jack também nos disse algo que fez muito sentido: "Agora que é noite, coloquem em prática o que vocês aprenderam enquanto era dia." Essa direção me trouxe forças e até hoje me ajuda a ver as coisas na perspectiva certa.

Em 15 de abril de 2004, poucos dias depois do acidente — ou seja, no momento de maior dor, angústia e perigo real de morte —, o pastor Jack e sua querida esposa, Ann, nos enviaram uma palavra profética sobre a vida do David. Recebemos essa palavra como um presente, e ela se cumpriu em nossa vida. Quero compartilhá-la com vocês:

> Deus tem usado seu povo no Brasil e nos Estados Unidos para interceder incessantemente pelo David a fim de cumprir sua cura, que já está ocorrendo. O Senhor está agora chamando aquele que experimenta esse vale profundo, onde pode realmente aprender a conhecer seu Deus. O Senhor claramente diz a seu jovem servo:
>
> "Eu te escolhi. Você é meu! Eu te amo com paixão, apesar de seus sentimentos e circunstâncias difíceis. Estou chamando você para continuar a abrir seu coração para mim mais e mais. Revelarei quem Eu sou a fim de que mudanças tremendas aconteçam em todo o seu ser,

incluindo o seu corpo. Sim, nesse chamado, faço de você aquilo a que seu nome remete: você tem um coração segundo o meu. Apesar das circunstâncias adversas, você é chamado a buscar a minha face apaixonadamente, fielmente e com determinação inabalável, como aquele meu servo, outrora rei de Israel (Salmos 42; 63). Você vai lembrar que, quando Eu andava entre as multidões feridas e rejeitadas, meu coração foi movido de compaixão por elas enquanto Eu as curava. A maioria dos ministérios hoje tem falhado em demonstrar minha compaixão. Contudo, também é verdade que meu poder flui livremente através de apóstolos, evangelistas, pastores e mestres que são cheios da minha compaixão terna. Meu filho, você vai manifestar essa compaixão em um grau tão elevado que as pessoas serão atraídas a você. Poderei, então, liberar meu amor e meu poder através da sua vida. Às vezes, dúvidas e preocupações perseguem como aves de rapina, mas você está aprendendo a enxotá-las. Incredulidade e autopiedade são alguns desses abutres."

Um dos maiores aprendizados que se tem ao seguir de perto nosso Senhor Jesus é que o caminho Dele para nós sempre passa pela cruz (1Pedro 1:6-7). Repetidas vezes, isso vem à minha mente durante nossa caminhada com vocês, meus amados, através desse sofrimento, e, não raro, há dúvidas. Os porquês não são todos respondidos aqui nesta terra; muitas respostas só virão naquele maravilhoso dia!

\* \* \*

EPÍLOGO

## EU SOU UM MILAGRE, RESPOSTA DE DEUS

Hoje, David Augusto e sua esposa Brenda têm dois filhos. Além de serem bispos na Igreja Fonte da Vida em Goiânia e nos Estados Unidos, David e Brenda são os fundadores do Ministério de Louvor Pedras Vivas, juntamente com Paulo Júnior e Rodney Graciano. O Senhor cumpriu Sua promessa e tem usado David para levar Seu amor e Sua compaixão cada vez mais longe por meio da música e da pregação do evangelho.

▲ Foto atual de bispo David, bispa Brenda e os filhos.

NO VALE DA SOMBRA DA MORTE

*Tenham fé no Senhor, o seu Deus, e vocês serão sustentados; tenham fé nos profetas dele e vocês terão a vitória.* (2Crônicas 20:20)

▲ Ministério Pedras Vivas: David Augusto e Brenda Youssef Sousa (sentados). Em pé, da esquerda para a direita: Paulo Júnior e Rodney Graciano.

Este livro foi impresso em 2019, pela Assahi, para a Thomas Nelson Brasil. O papel do miolo é pólen bold 90 g/m² e o da capa é cartão 250 g/m².